일신서적출판사

머리말

체르니 40 연습곡집은
'숙련된 연주자를 위한 연습'이라는 부제가 붙어있을 만큼
뛰어난 기교를 습득하기 위한 손가락 테크닉 연습곡집입니다.

피아노를 연주에 필요한 고도의 테크닉으로 가기 위한 중간 과정으로
꼭 거쳐가야 하는 것이 체르니 40번 연습곡입니다.

〈쉬운 EASY 베스트 간추린 체르니 40〉은
꼭 익혀야 할 곡 28곡을 발췌하여 난이도 순으로 배열하고,
연습 제목과 연습 방법을 제시하고, 주의해야 할 점이나 악상기호 등
연주시 학습에 도움이 되는 포인트를 참고할 수 있게 안내합니다.

또한, 손가락의 신속, 정확함과 음의 균형을 맞추는 것에 목적을 두고
음악적인 감각을 향상시키는데 도움이 되도록 구성하였습니다.

〈쉬운 EASY 베스트 간추린 체르니 40〉을 통하여
터득한 것을 토대로 한층 더 어려운 기술 습득을 목적하고
다양한 곡의 테크닉과 연주 주법을 통해 피아노를 연주하는 데 있어
매끄러우면서 거침없이 연주할 수 있기를 바랍니다.

이 교본에 사용된 연습곡

- 체르니 30 연습곡(Op. 849)
- 체르니 40 연습곡(Op. 299)

차례

연습곡별 유의사항

◆ 제1번 오른손 음계 연습

음계는 가장 기본적인 피아노 주법으로, 각 음이 고르게 들리도록 해야 한다.

우선, 손가락을 정확히 움직여서 곡 전체를 f로, 건반을 끝까지 눌러 확실하게 치되 점차 빠르게 한다.

둘째, 1번 손가락이 3(4)번 손가락 밑을 지나갈 때와 3(4)번 손가락이 1번 손가락 위를 통과할 때 음량과 음질을 고르게 하여 신속하게 친다. 이때 팔과 손목의 불필요한 힘을 빼고 손가락 끝의 재빠른 운동으로 연습한다.

셋째, 3·4·5번의 각 손가락이 자유롭게 움직이고 약해지지 않도록 주의한다.

① 왼손 화음은 힘있게 연주하되 각 음이 잘 들리도록 한다. 오른손은 16분쉼표를 정확히 쉬고 첫 번째 음에 악센트를 붙여서 왼손 화음에 이끌려가듯 들어간다.
② 각 박의 첫음에 악센트를 붙여 연습한다.

③ 손가락 번호를 잘 지켜서 연습한다.
④ 쉼표는 정확히 쉰다.

◆ 제2번 왼손 음계 연습

1번과 같은 방법으로 연습하되 왼손은 오른손보다 유연하지 못하므로 많은 연습이 요구된다.

① 오른손 화음에 악센트를 충분히 붙이고 왼손 음계와 오른손 음계가 자연스럽게 연결되도록 한다.
② 손가락이 건반에서 떨어지지 않도록 주의하며, 3번 손가락부터 움직인다.
③ 온음표의 '파'음이 다음과 같이 짧아지지 않도록 한다.

◆ 제3번 턴(turn)의 손가락 쓰기 연습

3번 손가락으로 시작되는 턴의 연습이다. 자칫하면 한 묶음의 꾸밈음 중에 한 음이 빠진다든가 흐려지기 쉬우므로 팔과 손목을 편하게 하여 손가락 끝의 반사 작용으로 절도있게 친다. 손가락을 너무 지나치게 움직이지 말고 손목을 떨어뜨려 가볍게 손가락 끝으로만 치는 것이 좋다.

① 첫째박은 쉼표이므로 오른손 첫음에 악센트가 붙지 않도록 하고 왼손의 쉼표도 정확하게 지킨다.
② 2번 손가락 뒤 C음을 5번 손가락으로 친다.

◆ 제4번 '내림마'장조 Allegro risoluto

음계연습이다. '내림마'장조에서는 검은건반을 치는 4번 손가락이 미끄러지기 쉬우므로 확실히 치는 것이 좋다. **risoluto**(리졸루토)는 '단호하게'라는 뜻이다.

① 처음의 8분음표를 정확히 지킨다.
② 왼손의 2마디는 4분음표이고 그 다음의 2마디는 스타카토이며 쉼표는 정확히 쉬도록 한다.
③ 오른손의 4분음표를 잘 테누토하여 준다.
④ 손가락쓰기는 아래의 A악보처럼 하며 3번 손가락으로 누르고 4, 5번 손가락으로 트릴을 치게 된다. 특히 4번 손가락을 힘차고 확실하게 칠 필요가 있으므로 B와 같이 연습한다.

단, 너무 무리를 하면 손가락이 상하게 되므로 피로를 느낄 때에는 즉시 쉬도록 한다.
⑤ 좌우 양손을 똑같이 맞추어 10도(3도+옥타브)의 울림을 잘 들으면서 쳐야 한다.
⑥ 왼손의 슬러에 잘 유의하여 아름답게 치도록 한다.

◆ 제5번 '마'장조 Allegretto vivace

아르페지오도 음계와 마찬가지로 레가토로 쳐야 한다. 1번 손가락은 치고 나면 다음 위치로 옮겨야 하는데, 이때 손목이나 팔에 힘이 들어가면 음이 끊어지거나 3번 손가락의 터치가 멋대로 되어 버리므로 걷는 기분으로 자연스럽게 팔의 무게를 옮겨 치도록 한다. 또 1번 손가락이 세게 되기 쉬우므로 음 하나 하나의 음량에도 주의하고 예비연습시에 다음과 같은 리듬변화를 응용하면 좋다.

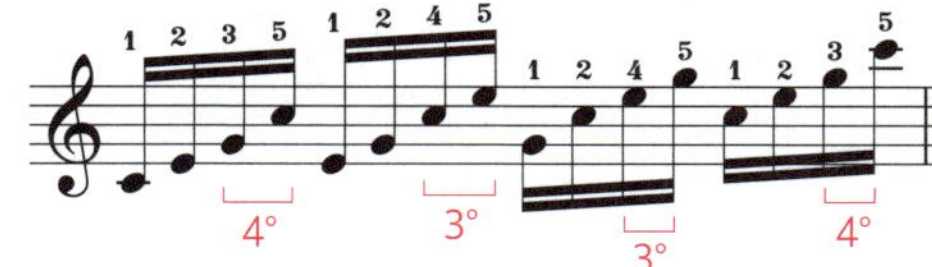

또 5번 손가락을 팔의 움직임에 의하여 치지 않기 위해서는 다음과 같은 연습이 효과적이다.

① 이 부분부터 왼손의 아르페지오이며 오른손 연습 때보다 몇 배의 연습이 필요하다.
② 왼손 5, 3번 손가락과 1, 3번 손가락의 5도 도약은 확실하게 해야 한다.
③ 유니즌이 되면 좌우 양손의 손가락 바꾸는 위치가 달라지므로 잘 연습한다.
④ 오른손 쉼표 다음의 2번 손가락에 악센트가 붙지 않도록 주의하고 슬러의 마지막 ⌒ 는 무겁게 되지 않도록 자연스럽게 끊어야 한다.

◆ 제6번 아르페지오 연습

아르페지오(Arpeggio)는 손가락 쓰기와 손목 운동에 특히 주의한다. 펼침 화음의 음정이 3도 이하일 때는 4번 손가락을, 4도 이상일 때는 3번 손가락을 쓴다.

손목은 언제나 유연하게 하며 각 박의 첫음을 제외한 나머지 음들을 칠 때는 손목의 힘을 빼준다. 또한 손목을 가볍게 돌려 손가락의 빠른 움직임을 돕는다. 특히 펼침 화음이 연속될 때는 정확하게 천천히 연습해야 리듬이 늘어지지 않는다.
① 오른손 10도의 도약 음정을 확실히 타건한다.

② 1번 손가락을 타건한 후, 3번 손가락을 미리 준비하여 매끄럽게 연결되도록 한다.
③ 아르페지오가 흩어지는 느낌이 들지 않도록 오른손 16분쉼표에 주의한다.
④ 각 박의 첫음을 5번 손가락으로 치게 되므로 힘껏 타건한다. 왼손의 멜로디를 살려서 연습한다.

◆ 제7번 '가'장조 Molto vivace

음계의 연습곡이며 처음부터 빨리 치면 손가락이 미끄러지기 쉬우므로 처음에는 천천히 확실하게 치도록 한다. 오른손으로 상당한 연습이 필요하므로 충분히 연습한다. 음이 고르게 나오도록 손가락을 잘 움직이는 연습을 한다. 왼손은 약하고 가볍게 쳐야 한다.

① 왼손은 화음이 충분히 울리도록 하며 뒤의 스타카토는 리드미컬하게 치고 오른손은 5, 4와 4, 3번 손가락이 달라붙기 쉬우므로 다음과 같이 연습해 보자.

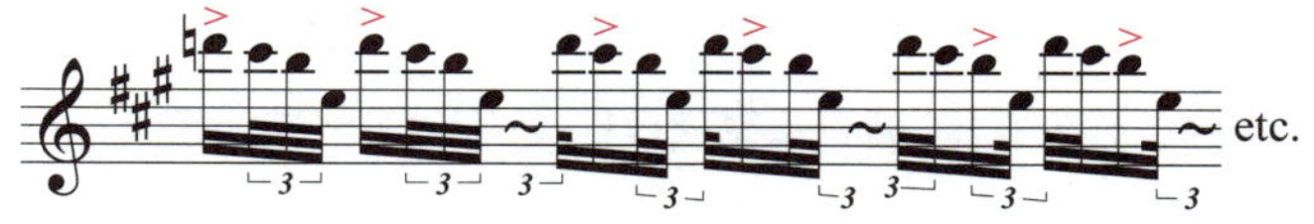

② 마지막 다섯 개의 스타카토 화음은 외워서 확실한 터치로 건반을 친다.

◆ 제8번 '라'장조 Allegro en galop

펼침화음의 연습곡이다. 제5번의 설명을 참고하기 바라며, 리듬이나 악센트에 변화를 붙여서 예비연습을 충분히 한다. 1박이 옥타브로 되어 있는 부분에서 손을 벌릴 때는 손바닥이나 손등을 유연하게 하여 친다.

① 박 머리에 붙는 악센트는 팔의 무게로 건반을 쳐서 강조한다.
② 첫째박, 넷째박 등에서는 박 머리의 둘째손가락보다 다음 음의 1번 손가락에 악센트가 붙기 쉬우므로 주의한다.
③ 왼손의 2분음표와 스타카토에 주의해야 한다.
④ ②와 같으며 1번 손가락에 주의한다.
⑤ 이곳부터 왼손의 프레이즈에 유의하도록 하고 양손의 음이 만드는 세로(수직)의 울림도 잘 들어야 한다. *f*, *p*, *ff*의 차이를 잘 나타내보자.

◆ 제9번 '바'장조 Allegro piacevole

오른손 손가락 하나하나의 운동을 명확하게 하기 위한 연습이다. 하나하나의 음, 손가락쓰기를 잘 외워 정성 들여쳐야 하며 박자는 겹2박자. **piacevole**(피아체볼레)는 '유쾌하게'의 뜻이므로 가벼운 리듬감으로 나타내보자.

① 왼손 화음의 스타카토는 가볍게 쳐내리는 느낌으로 친다.
② 오른손의 옥타브를 치는 방법인데, 옆의 악보와 같이 이 곳만 따로 떼내어 어깨와 팔꿈치의 힘을 배고 정성 들여 연습하기 바란다.

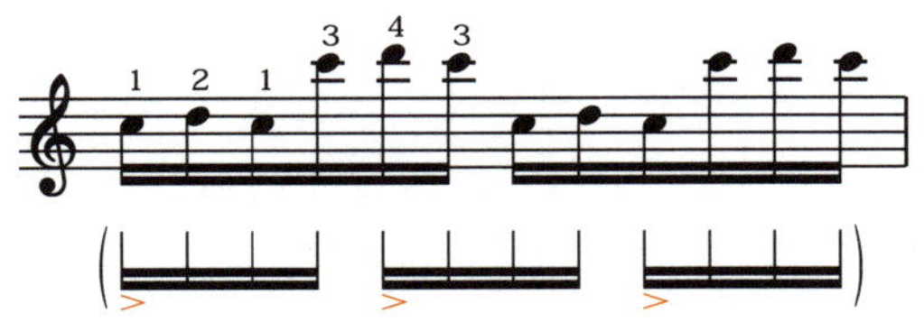

③ 여기부터 왼손은 스타카토가 아니므로 앞쪽의 스타카토와 표정을 잘 바꾸어 치도록 한다. 오른손의 8⋯⋯⋯도 기억하기 바란다.
④ 여기부터 왼손은 긴 슬러이므로 1박씩 끊어지지 않도록 하고 호흡이 긴 레가토로 친다.

◆ 제10번 '내림 나'장조 Allegro scherzando

무곡풍의 연습곡이며 **scherzando**(스케르찬도)는 '해학적으로'라는 뜻이다.

① 특징있는 오른손은 다음의 A와 같이 치도록 한다. 음이 두 개씩 달라붙어 B처럼 되기 쉬우므로 C와 같이 쳐서 타이밍을 잘 맞추어 주도록 해야 한다.
② 셋잇단음표로 되어 있는 곳에서 빨라지지 않도록 한다. ♪♪♪ ♪♪♪ 에서 4, 5번 손가락(또는 3 , 5번 손가락)을 잘 움직여 꼼꼼하게 친다.

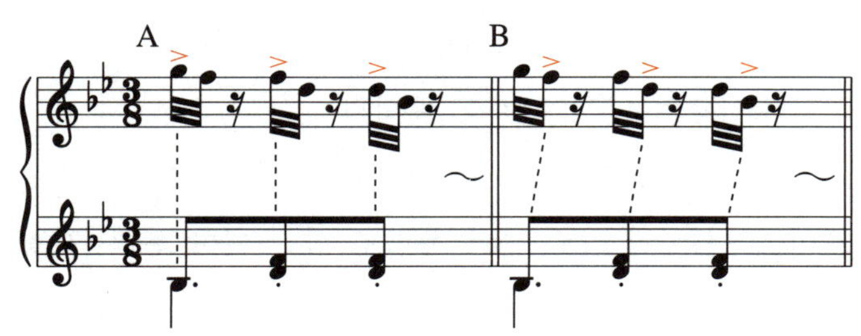

③ 오른손 둘째박의 3, 4, 3번 손가락쓰기에 주의한다.
④ ①과 같으며 템포나 리듬이 무너지기 쉬우므로 양손으로 C와 같이 쳐보면 좋다.
⑤ 쉼표가 짧아지기 쉬우므로 주의한다.

◆ 제11번 양손의 음계 연습

음계 연습 가운데 4, 5번 손가락의 트릴 연습이다.

① 4·5번 손가락의 트릴 연습으로, A음에서 G#음으로 도약할 때 4번 손가락을 충분히 벌려서 짚은 뒤 손목의 중심을 곧바로 5번 손가락 쪽으로 옮겨서 친다.
② 왼손 화음은 건반을 누르기 직전에 손가락 모양을 바르게 하여 손가락 끝에 가볍게 힘을 주어 팔의 무게로 건반을 친다. 2분음표의 길이를 충분히 지킨 후, 다음 화음으로 흐르는 것 같이 들어가야 한다.
③ 왼손 리듬이 빠르므로 오른손 8분음표를 정확하게 짚는다. 여기부터 8마디는 오른손 슬러와 스타카토를 잘 살려 연주한다.
④ 딸림7화음은 _**ff**_ 로 충분히 표현한 뒤 자연스럽게 으뜸화음으로 해결되도록 한다.
⑤ 오른손 2성부의 움직임에 주의한다.
⑥ 여기서부터 4마디는 양손 음계의 진행이다. 9도의 도약을 뚜렷하게 친다.

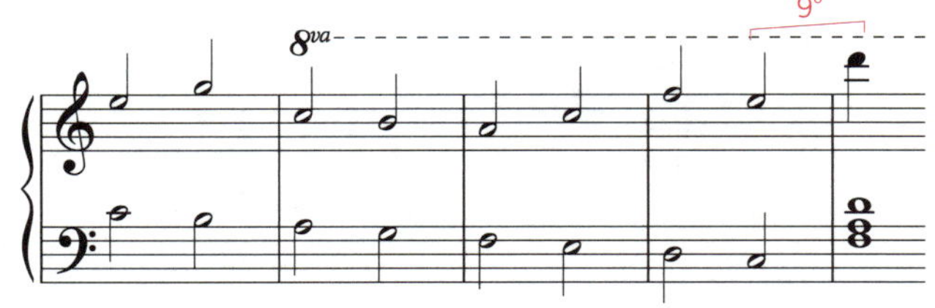

⑦ 오른손 상성부 선율의 흐름을 뚜렷하게 살려서 친다. 왼손은 도약하는 음을 정확하게 짚는다.

◆ 제12번 동일한 음형에서의 5번 손가락 연습

이 곡은 손가락 연습과 함께 손목을 부드럽게 하는 데도 좋은 연습이다. 하나하나의 음형과 리듬을 잘 살려서 연습한다. 손목을 유연하게 움직여 약한 손가락이 미끄러지지 않고 고르게 되도록 한다. 왼손은 리듬을 분명하게 끊고 화음을 경쾌하게 잡아가면 좋다.

① 1·2번 손가락의 진행이 반대가 되므로 손가락 번호에 주의하고 2번과 5번 손가락 사이가 멀어져 속도가 느려지지 않도록 한다.

② 손가락 사이를 넓히는 데 효과적인 손가락 쓰기이므로 충분한 연습을 해둔다.

③ 손목을 유연하게 재빨리 움직여야 손가락에 힘이 들어가지 않는다. 8개의 음을 한 프레이즈로 해서 경쾌하게 친다.

④ 여기부터 끝까지 각 박의 첫음에 악센트를 붙이고 나머지 음들은 자연스럽게 흐르도록 연주한다.

◆ 제13번 동일한 음형에서의 왼손 연습

12번과 같은 음형으로, 왼손을 위한 연습이다. 오른손은 슬러와 스타카토에 주의하고, 왼손은 리듬을 정확하게 하여 연주한다.

① 여기서는 경쾌하게 스타카토처럼 치고, ③에서는 건반을 살짝 누르는 느낌으로 메조 스타카토처럼 친다.
오른손 옥타브 연주 시 5번 손가락이 약해지지 않도록 확실하고 분명하게 친다. 옥타브 G음의 2분음표는 충분히 테누토하여 타건하고 다음의 스타카토로연결한다.

② 오른손의 슬러와 스타카토를 잘 살려서 친다.

④ 오른손 낮은음의 점2분음표 및 온음표를 충분히 눌러주고, 멜로디는 잘 살려서 친다. 오른손 8분음표의 C음을 정확하게 눌러준다.

⑤ 오른손은 논레가토로 표현하고, 왼손은 손목을 부드럽게 돌려준다.

⑥ 왼손 박 머리의 2분음표를 충분히 눌러준다.

⑦ 오른손 3도의 2분음표 화음을 충분히 끌어주고 왼손은 이 부분부터 음형이 바뀌므로 템포를 고르게 한다. 왼손의 이런 반주형을 알베르티 베이스(Alberti bass)라 한다.
(제16번 해설 참조)

⑧ 왼손은 각 박의 첫음 4분음표를 정확히 지키고, 오른손은 슬러와 스타카토에 주의한다.

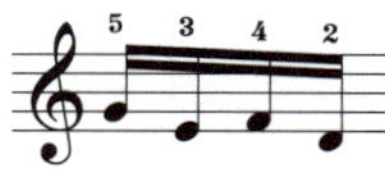

◆ 제14번 다장조의 여러 가지 음형 연습

이제까지의 연습곡을 마무리하는 연습으로 음계와 3도, 펼침 화음 패시지 등을 다루고 있다. 왼손은 두 음이 명확하게 울리도록 동시에 고르게 친다. 다음의 음형은 고르게 소리 나도록 연습한다.

① 왼손의 스타카토를 확실하게 지켜서 연주하되 다음과 같이 되지 않도록 주의한다.

② 왼손은 손목의 탄력을 이용하여 치고, 오른손의 펼침 화음은 한음 한음 명확하게 친다. 각 박의 첫음에 악센트를 붙인다.

③ 악센트가 5번 손가락에 붙지 않도록 주의한다.

또, D음에서 위의 C♯음으로 도약할 때 손가락을 벌려 확실히 친다.

④ 왼손 2분음표에 주의한다.

⑤ 이 A음은 4번 손가락 사용으로 터치가 약해지기 쉬우므로 건반 밑까지 힘껏 누른다.

⑥ 반음계의 손가락 쓰기에 주의하여 반복 연습한다.

⑦ 이 부분부터 4마디에 걸친 이러한 음형에서는 손목의 유연성이 요구된다. 또한 하행 시에는 1·4·2·3, 상행시에는 1·3·2·4의 손가락 번호를 익혀 두도록 한다.

⑧ 손가락 번호대로 충분히 연습한다.

⑨ 악센트가 5번 손가락에 붙지 않도록 주의한다.

◆ 제15번 음계 연습

5도 사이와 옥타브 음계의 연습이다.

① 5개의 음이 고르게 들리도록 한다.

② 왼손 리듬이 8분음표에서 4분음표로 바뀌므로 길이를 정확히 지킨다.

③ 양손의 음계가 번갈아가며 나오므로 음색과 리듬을 고르게 하여 매끄럽게 연결되도록 한다. 또한 쉼표의 길이를 정확히 지킨다.

④ 왼손의 슬러와 스타카토를 잘 살려 연주하되 스타카토에 악센트가 붙지 않도록 주의하고 늦춰지지 않도록 한다.

⑤ *fp*는 강하게 친 후 바로 약하게 치라는 뜻으로 오른손 화음은 *f*로, 왼손은 곧바로 약하게 레가토로 친다.

⑥ 이 부분은 스타카토로 연주하나 4마디 뒤는 스타카토로 표현하지 않는다.

⑦ 왼손은 3도의 하행 음계로 2성부를 느끼며 연주한다. 또한 2분음표를 테누토하여 충분히 소리 낸다.

⑧ 치기가 까다로운 3도 화음이므로 충분히 연습한다.

⑨ 손가락이 미끄러지기 쉬우므로 각각의 음을 정확하게 친다.

◆ 제16번 왼손 펼침 화음의 연습

왼손의 펼침 화음은 알베르티 베이스(Alberti bass)라는 반주형의 일종이다. 알베르티 베이스는 다음과 같은 펼침 화음의 반주형을 말한다.

이 베이스 음형은 Domenico Alberti(1710~?)가 그의 소나타 중에서 썼던 것이 그 유래이며 그 이후 널리 쓰여진 왼손 반주형의 한 형태이다. 반주형에는 이밖에도 머키 베이스(Murky bass)라는 옥타브의 펼침형이 있는데 베토벤의 '비창' 소나타 제1악장에 쓰인 것을 볼 수 있다.

이미지

알베르티 베이스는 손목의 힘을 빼고 손가락 끝만의 힘과 손목의 유연한 운동으로 연주해야 힘이 덜 들게 된다. 왼손 반주를 모음화음으로 연주해 보자.

이렇게 하면 왼손 화음에서 이루어지는 멜로디가 어디에 있으며 또 어떻게 살려야 할 것인지 알 수 있다. 오른손 멜로디는 꾸밈음과 악센트, 스타카토에 주의하며 경쾌한 느낌으로 한다.

① 오른손 32분음표의 리듬을 주의하여 치되 앞의 겹점8분음표는 제 길이만큼 지켜서 친다.

② ━ *sf* ━의 셈여림에 주의한다.

③ 10도의 도약 음정을 정확히 타건한다.

④ 트릴 연주법

⑤ 옥타브는 팔의 관절과 근육을 편한 자세로 하고 위에서 떨어지는 무게를 이용해서 힘차게 타건한다.

⑥ 왼손 각 박의 첫음이 반음계 진행을 이루고 있다.

⑦ 왼손 점4분음표의 길이를 충분히 지킨다. 단, 다른 음까지 길어지지 않도록 주의한다.

⑧ 오른손 아래 성부의 3도 겹음은 너무 빨리 떼지 않도록 한다.

⑨ 오른손 악센트, 왼손은 *cresc.*를 충분히.

◆ 제17번 3도 음형의 연습

3도 음형의 오른손 상·하행 연습이다.

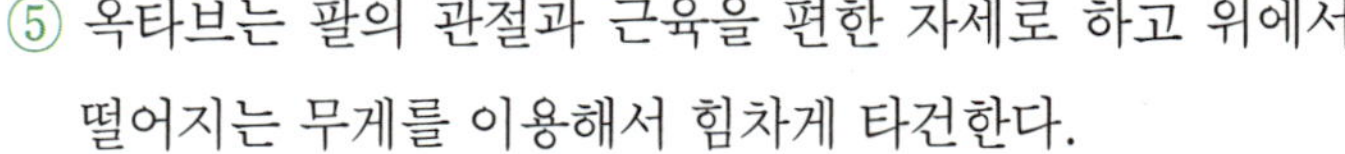

이러한 음형은 각 박의 첫 음에 악센트를 붙이고, 6개의 음을 하나의 흐름으로 파악해서 친다.

① *sf* ━의 셈여림에 주의한다.

② 오른손과 평행을 이루고 있는 왼손 3도 화음의 진행은 경쾌한 스타카토를 친다.

③ 손목을 축으로 해서 손바닥의 가벼운 회전 운동을 이용하여 손가락을 움직인다.

④ ③과 같음.

⑤ 아르페지오의 한음 한음을 정확히 연주한다.

◆ 제18번 턴(turn) 주법의 연습

1번 손가락이 밑으로 들어갔을 때의 턴 연습이다. 손목은 가볍게 손바닥을 받쳐주고 손끝의 가벼운 운동으로 명확하게 친다. 1번 손가락이 밑으로 들어갈 때 2, 3, 4번 손가락은 건반을 정확하게 눌러 음이 흐려지지 않도록 한다.

① 이 5번 손가락의 B음은 무척 치기 까다로우므로 몇 번이고 되풀이해서 연습한다.

② 윗음이 확실히 드러나도록 친다.

◆ 제19번 같은 음 연속 타건 연습

손목은 움직이지 않고 손가락 끝으로만 치되 팔의 무게를 이용하여 친다. 4개의 손가락으로 치더라도 음이 고르게 소리 나도록 주의한다.

◆ 제20번 중성부의 트릴 연습

상, 하성부의 음을 누른 채 중성부에서 트릴로 반주하는 연습

이다. 양손의 멜로디, 특히 오른손의 음을 뚜렷이 내기 위하여 손목의 힘을 손가락 끝에 실어 타건하고 나서 곧 힘을 빼고 음을 끌어준다. 그리고 중성부의 1, 2번 손가락을 건반 바닥까지 깊게 눌러 가볍게 친다. 이때 상성부와 하성부의 멜로디는 레가토로 치면서 선율선이 드러나도록 해야 한다. 곡 처음의 *cantando*(노래하듯이)를 지키고 4성부를 느끼면서 친다.

① 프레이즈에 주의하여 친다.

② *calando*는 점차 꺼지듯이 연주하라는 뜻이다.

◆ 제21번 아르페지오 연습

옥타브 도약이 있는 양손 아르페지오의 연습이다. 왼손에서 오른손으로 옮기는 부분은 서로 엇갈리거나 음량의 차이가 생기지 않도록 신중히 연습해야 한다. **volante**(볼란테)는 「경쾌하게」치라는 뜻이다.

① 박 머리에 악센트를 붙여서 치고 재빠르고 유연하게 손목을 돌려 아르페지오를 연주한다.

② 왼손을 빨리 떼지 않고 제 박대로 소리 낸다.

③ 오른손의 *sf*는 팔 전체를 위에서 떨어뜨려 타건하되 단숨에 친다.

◆ 제22번 셋잇단음표에 의한 왼손 음계 연습

2도와 3도의 펼침 음계의 손가락 쓰기를 익히기 위한 연습이다. ①과 ②음형의 손가락 번호를 익숙해질 때까지 반복 연습하여 외워둔다.

①의 4가지 음형의 손가락 번호

◆ 제23번 오른손 연습

속도가 빨라지더라도 건반은 바닥 밑까지 확실하게 눌러야 한다. 특히 4번 손가락은 완전히 건반을 치기 전에 다음 음으로 옮겨 가기 쉬우므로 주의한다.

① 4분음표의 길이를 충분히 유지하여 선율의 흐름을 느끼며 연주한다.

◆ 제24번 유니즌의 음계 연습

음계를 빨리 치기 위해서는 각 손가락이 고르게 힘을 갖춰야 한다. 또, 음계를 하나의 흐름으로 보고 첫음을 치기 시작할 때 음계의 가장 윗음을 염두에 두지 않으면 손가락 쓰기를 실수하여 악보에 적힌 음표를 지나쳐 많이 치거나 음계와 가장 높은음까지 미치지 못하게 된다.

◆ 제25번 양손에 의한 아르페지오 연습

양손 교대로 치는 아르페지오는 왼손으로부터 오른손으로 원활하게 이어준 후 왼손은 재빨리 오른손을 넘어서 다음 건반을 칠 준비를 한다. 음정이 넓은 부분은 손목의 운동을 충분히 하여 확실히 타건을 해야 한다. 그리고 음자리표의 변화에 주의한다.

① 손목을 이용하여 손가락을 최대한으로 벌리되 각 음들이 흩어지지 않도록 한다.

② 여기부터 8마디의 아르페지오는 시작하는 첫음을 외워둔다.

③ 프레이즈를 잘 지키고, 왼손으로 치는 화음은 효과적으로 친다.

◆ 제26번 반진행하는 온음계, 반음계, 아르페지오의 연습

지금까지 익힌 방법을 활용하여 양손 모두 올바른 리듬으로 친다.

① 1번 손가락에서 5번 손가락으로 바꿀 때 팔과 손목을 쓰지 않으면 고른 음을 내기 어려우며 리듬도 깨지기 쉬우므로 충분히 연습한다.

② 화음은 팔의 무게를 실어 힘껏 친다.

◆ 제27번 상성부의 도약 연습

제20번과 마찬가지로 상성부의 도약 연습이다. 오른손은 상성부의 선율이 선명하게 드러나도록 명확하게 쳐야 한다. 왼손 화음도 스타카토를 잘 살려서 정확하게 친다.

① 5번 손가락은 8분음표이다. 32분음표가 되지 않도록 충분히 눌러 준다.

◆ 제28번 여섯잇단음표에 의한 오른손 음계 연습

제22번의 왼손 연습을 오른손으로 하도록 한 것이다. 22번은 ¾박자에서의 셋잇단음표였으나 여기서는 ⅜박자의 여섯잇단음표이므로 악센트가 다음과 같이 붙지 않도록 한다.

매우 빠르게　오른손 레가토 연습입니다. 고르게 치세요.

Presto (♩ = 108)

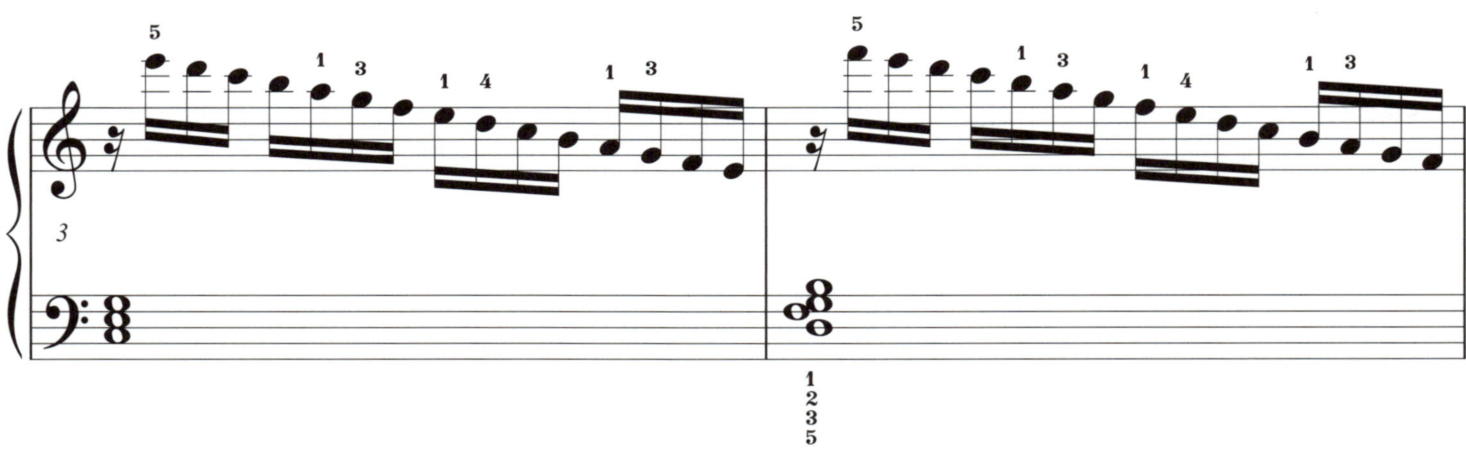

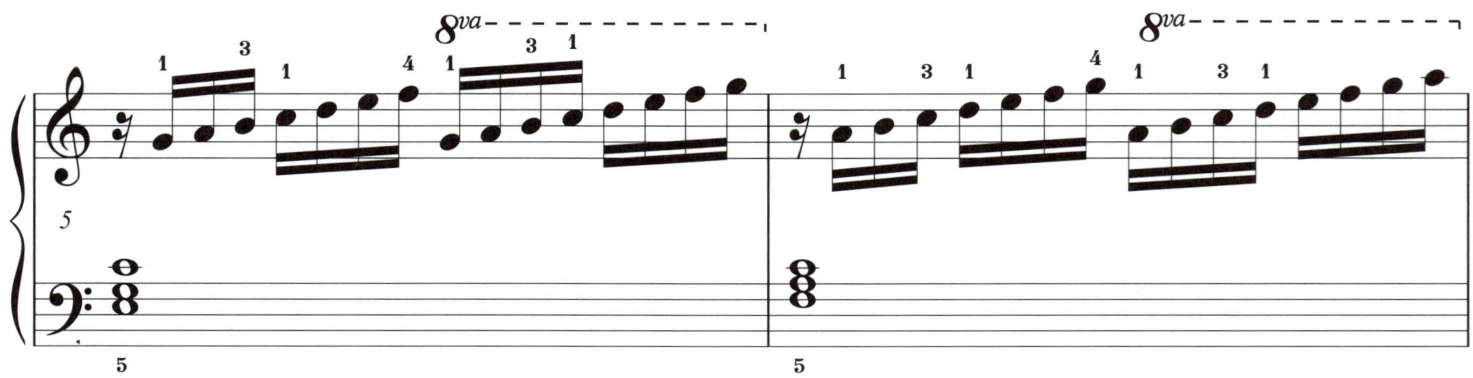

음계를 칠 때 가장 중요한 것은 음을 고르게 갖추는 일입니다. 따라서 각 손가락의 세기가 고르게 되도록 충분히 연습하세요.

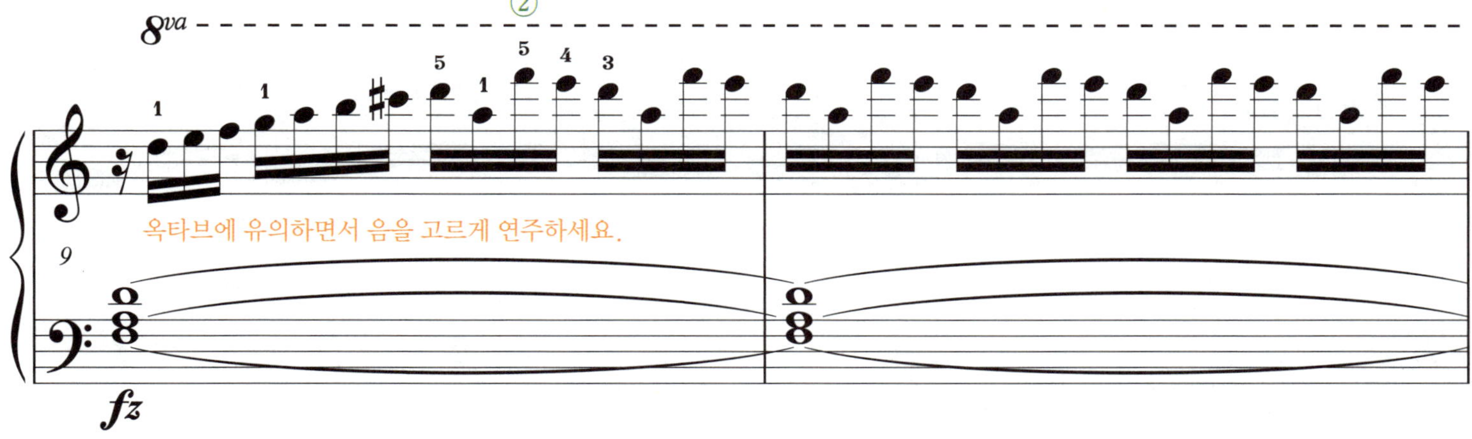

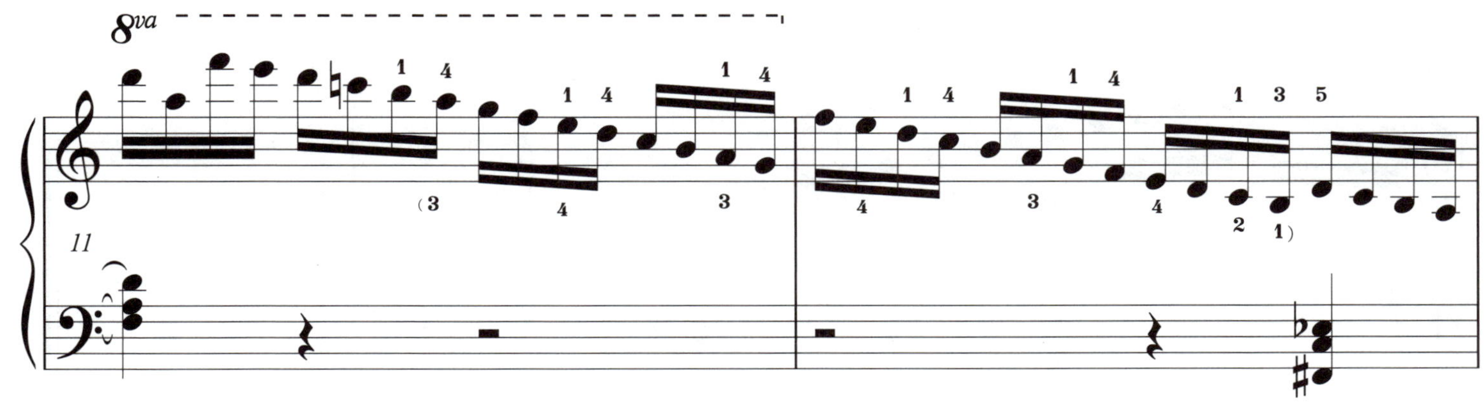

13

같은 음이 지속되어 울림이 풍부해야 합니다.

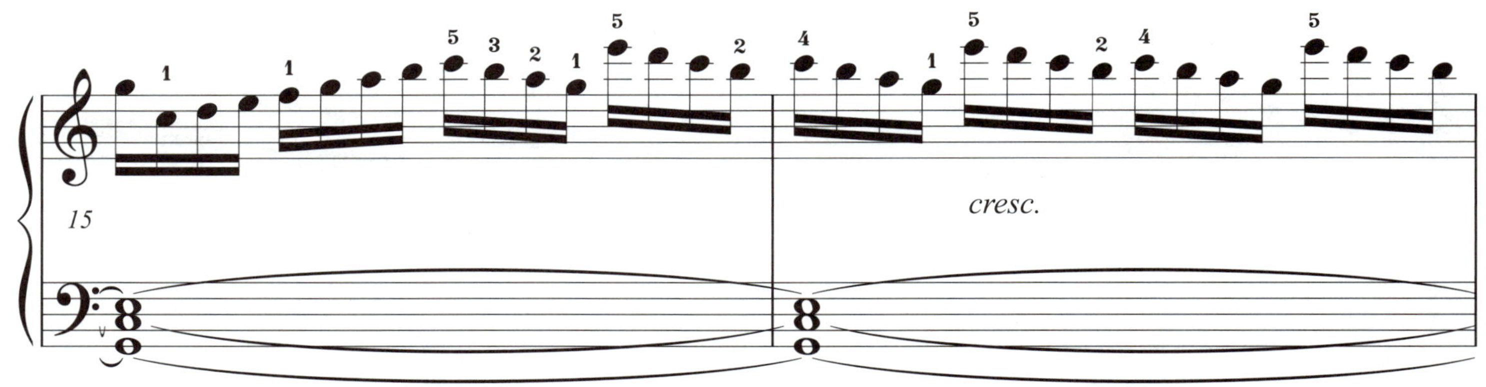
15
cresc.

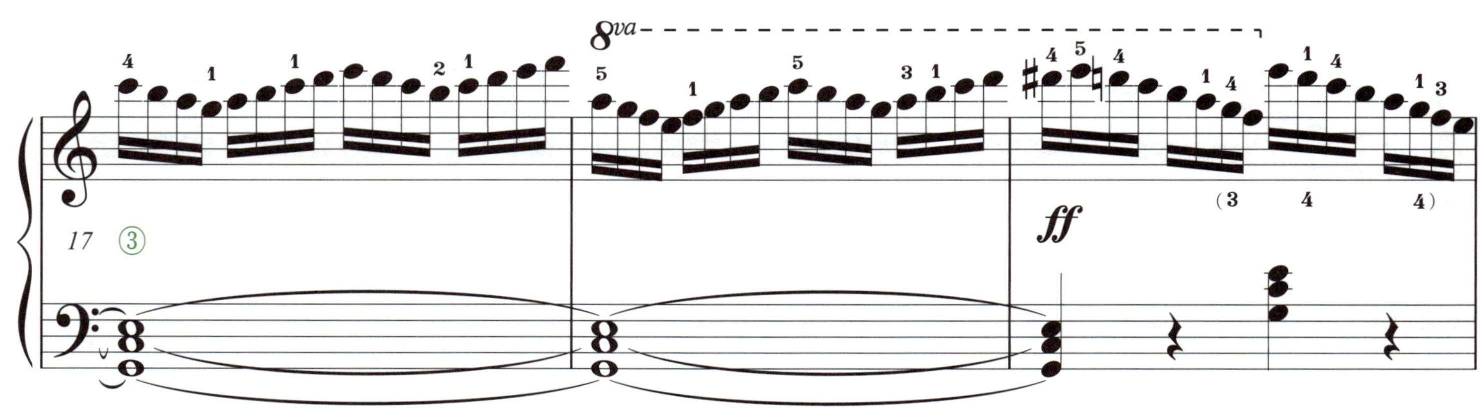
8va
17
ff

끝나는 부분은 박자를 정확히 지킵니다.
20

왼손을 위한 음계 연습 체르니40, No.2

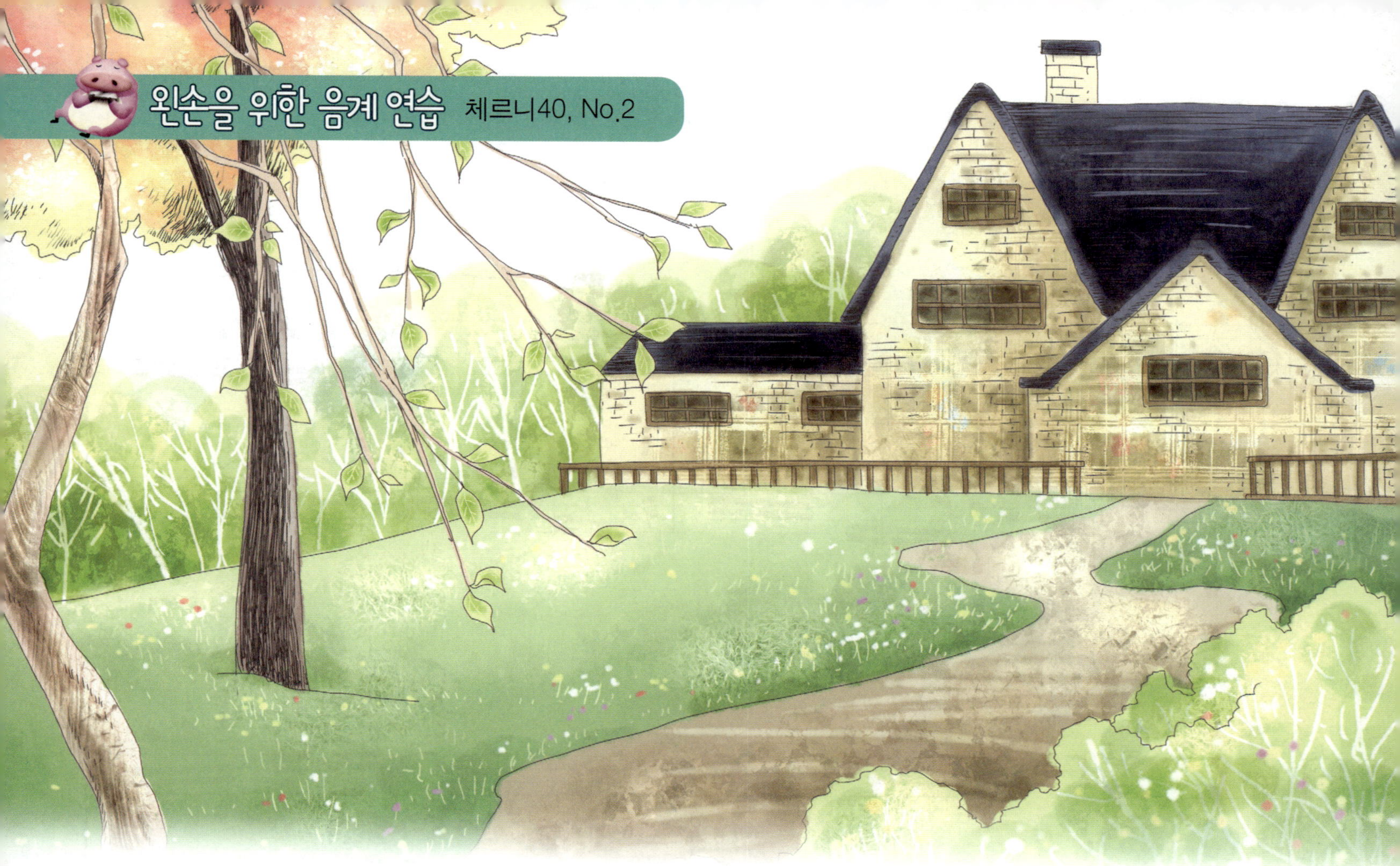

아주 빠르게

Molto allegro (𝅗𝅥. = 104**)**

왼손을 위한 음계 연습입니다. 음이 흐트러지지 않게 고르게 연주합니다.

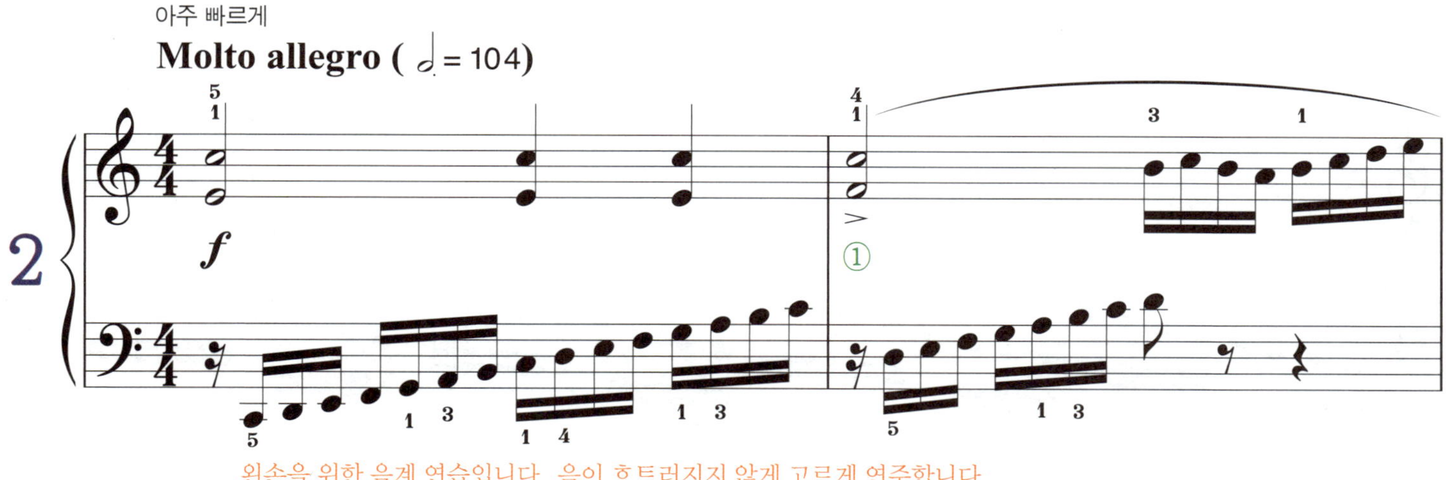

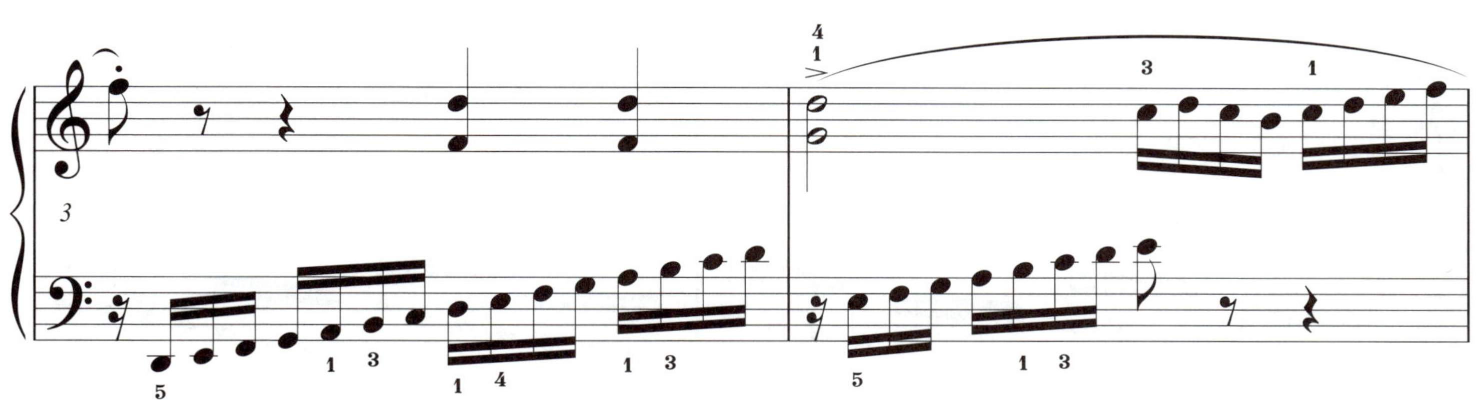

1번과 같은 방법으로 연습하되 왼손은 오른손보다 유연하지 못하므로 많은 연습이 요구됩니다.

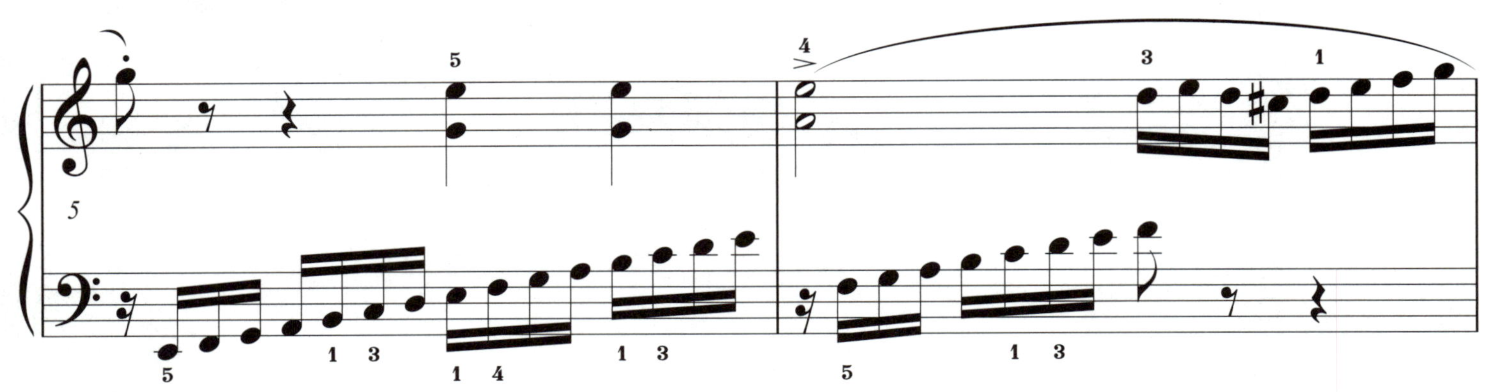

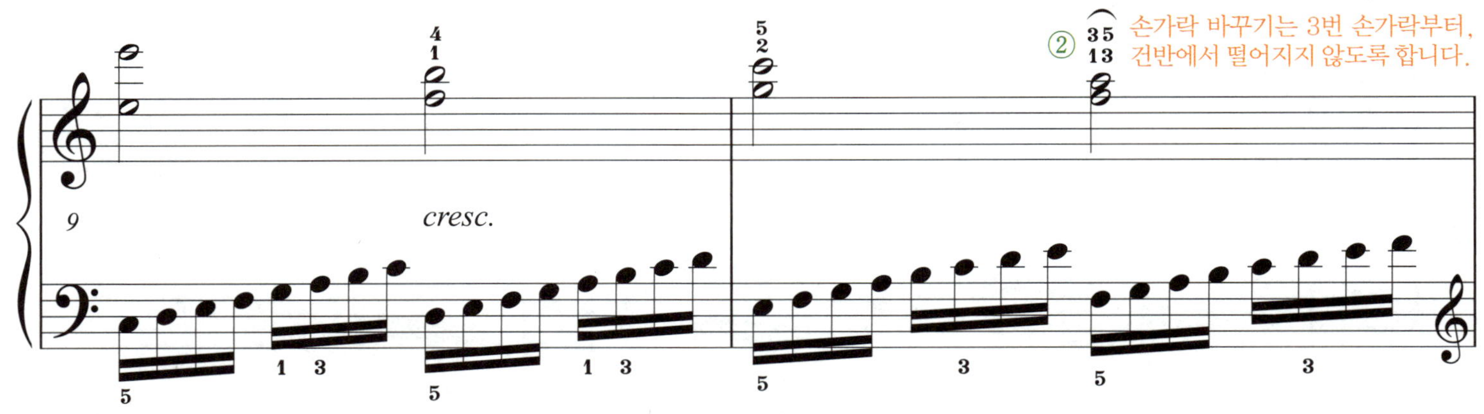

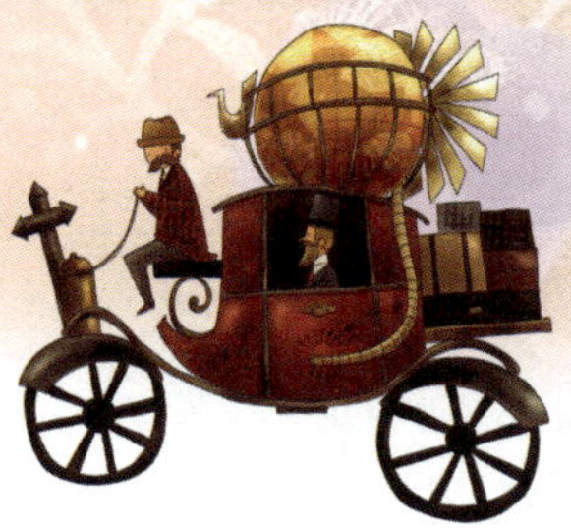

양손 손가락 번호에 유의하세요.

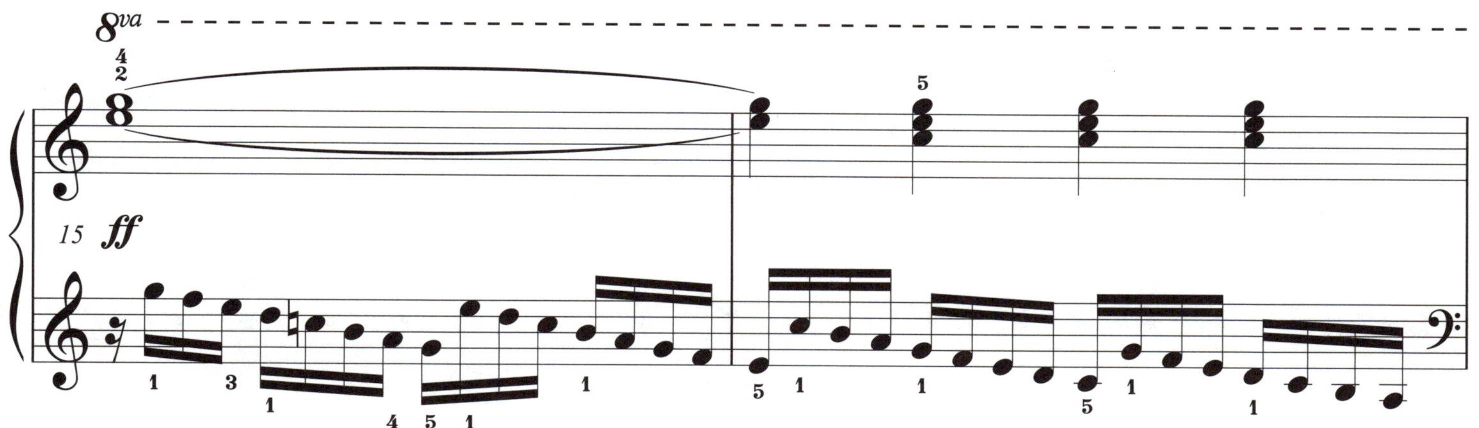

스포르찬도–매우 강조해서 칩니다.

매우 빠르게
Presto (♩. = 80) 오른손 손가락이 반복됩니다. 1번 손가락을 유의하면서 연주하세요.

3 4 3 2 1   3 4 3 2 1   3   1 3   1   3   1 3   1
①
p 쉼표 다음에 음표가 강하지 않게
2
4   5   5   4
양손을 부드럽게 연결해서 연주합니다.

3   1   3   1   3   1 3   1   3   1
4 cresc.
1
3   5

3   1 3   2 3 4   1 2 3 4
7
f 포르테-세게
2

1 2 3 4   1   3   1   3   1   3   1   3   1   3
10
dimin.
1   5   4   2   1   5

돈꾸밈음 연습은 팔과 손목을 편하게 하면서 손을 둥글게 하여 손목을 떨구고, 가볍게 손가락으로만 치세요.

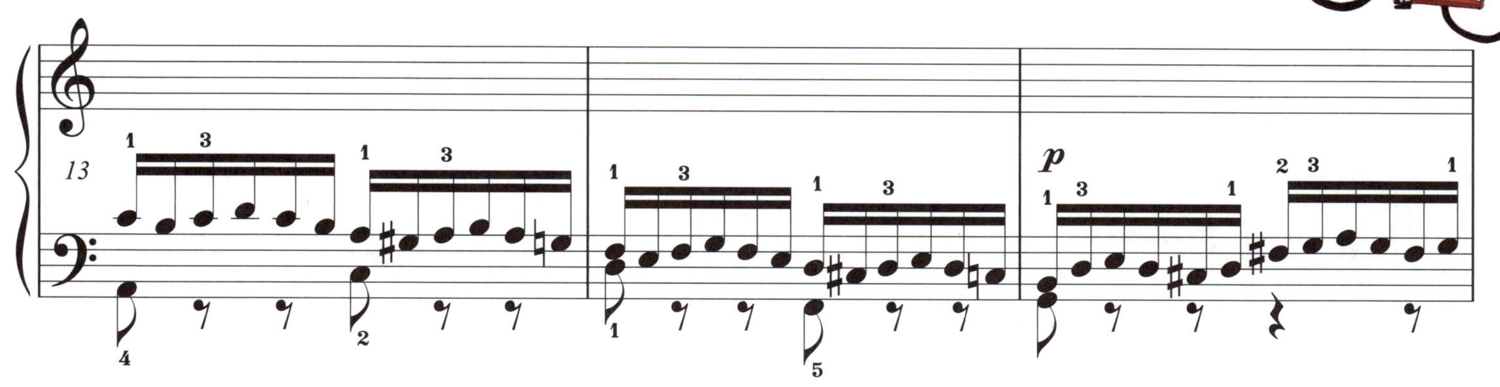

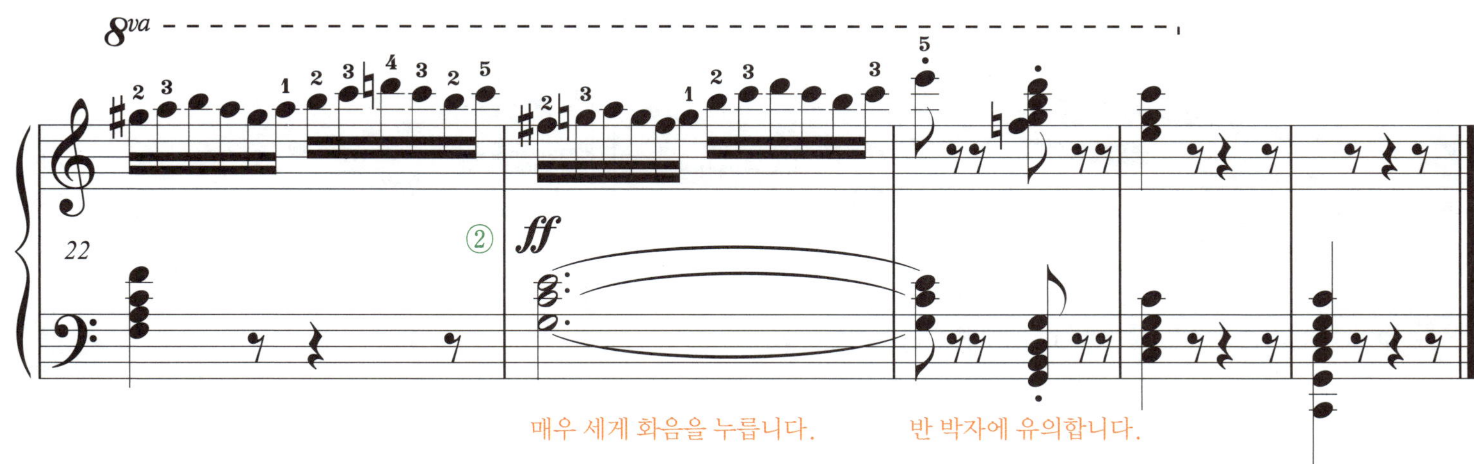

오른손을 위한 음계연습 체르니30, No.18

빠르고 힘차고 분명하게
Allegro risoluto (♩ = 138)

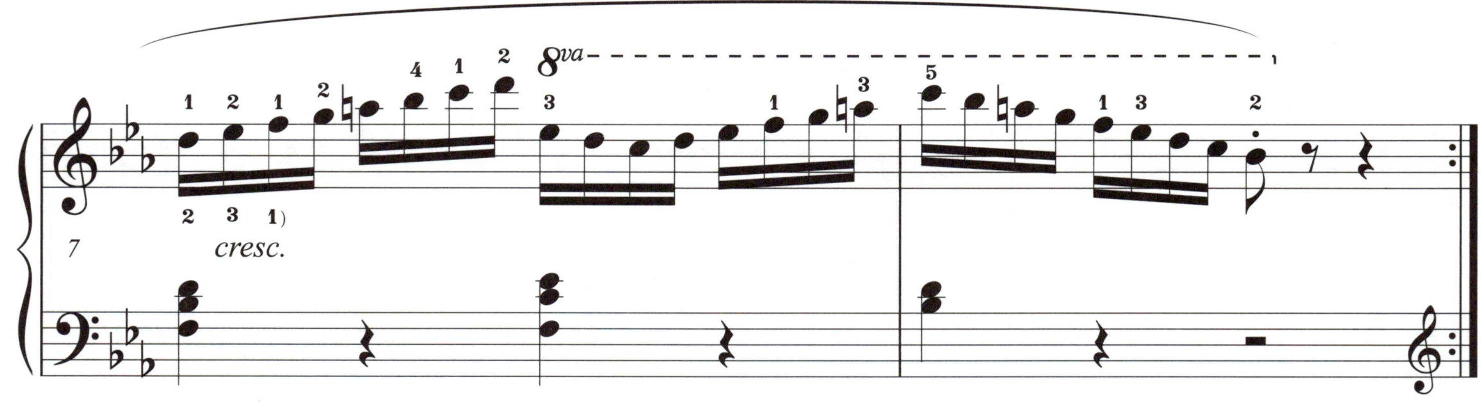

음계연습입니다. '내림마'장조에서는 검은 건반을 치는 4번 손가락이 미끄러지기 쉬우므로 확실히 쳐주기 바랍니다.

오른손은 힘차게 화음을 누릅니다.
음을 충분히 끌어서 연주하세요.

20

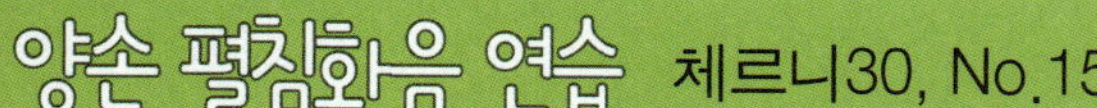

매우 빠르게
Molto allegro (♩ = 108) 8마디까지 이음줄이 연결되어 있습니다. 프레이즈와 강약에 유의하세요.

손가락의 움직임에 따라 자연스럽게 손목과 팔의 무게를 옮겨 치도록 하세요.

p
leggiero
쉼표에 유의합니다.
f
f
8va
ff
강하게 끊어 연주하여
마무리 합니다.

매우 빠르게
Presto (♩ = 108)
6
p 펼침 화음이 계속되므로 손목을 부드럽게 해서 치세요.

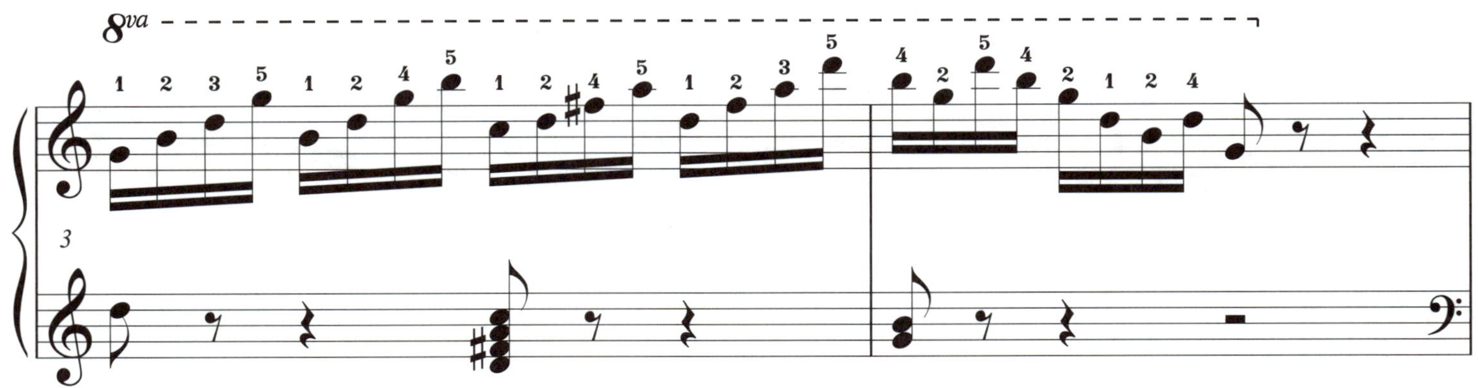

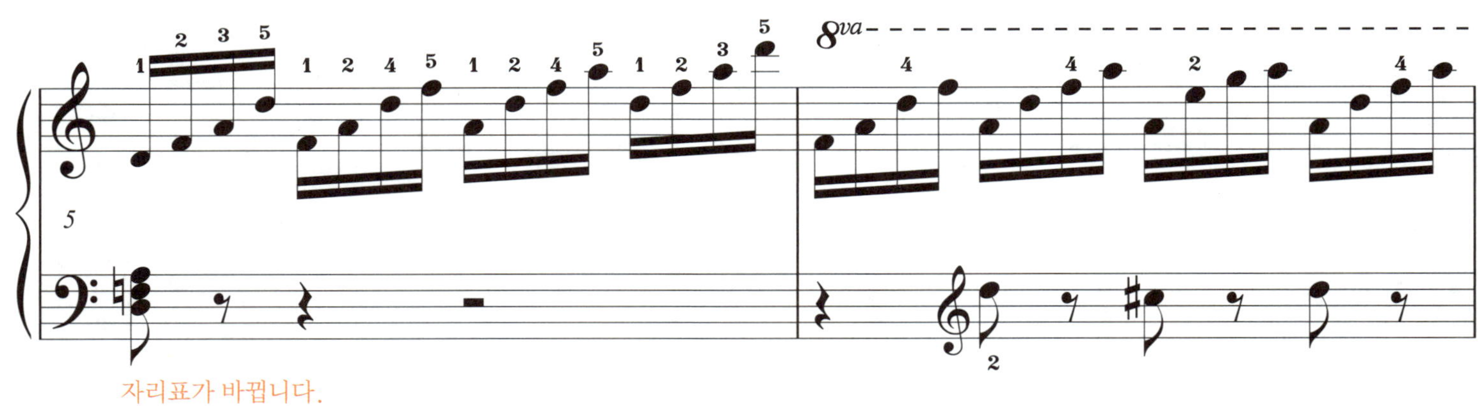
자리표가 바뀝니다.

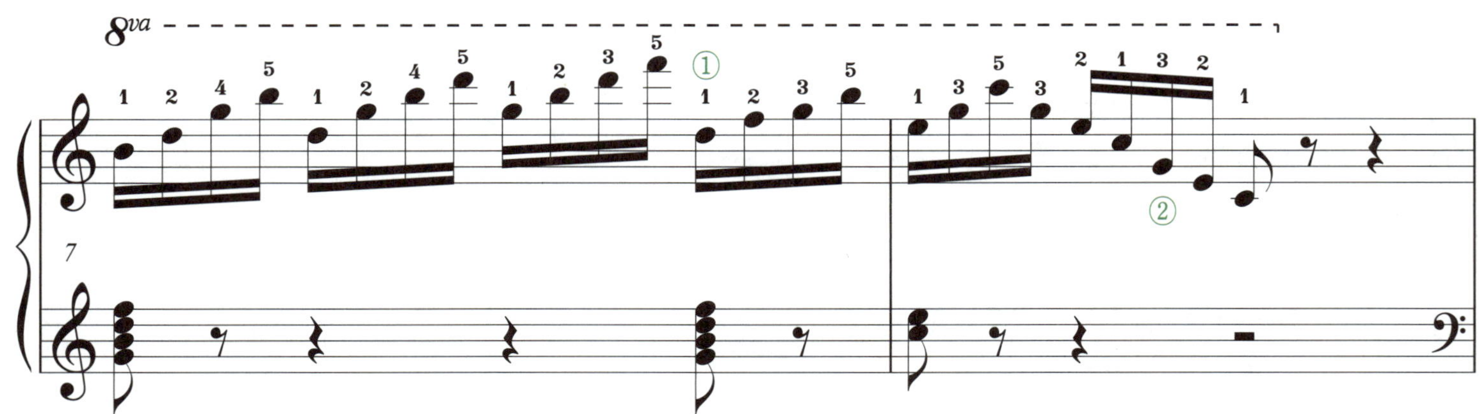

펼침화음 각 박의 첫음에 너무 악센트가 들어가지 않도록 주의합니다. 손가락번호를 지켜서 연주하고 간격을
넓히는 연습을 충분히 하세요.

왼손, 오른손의 선율을 잘 표현해 보세요.

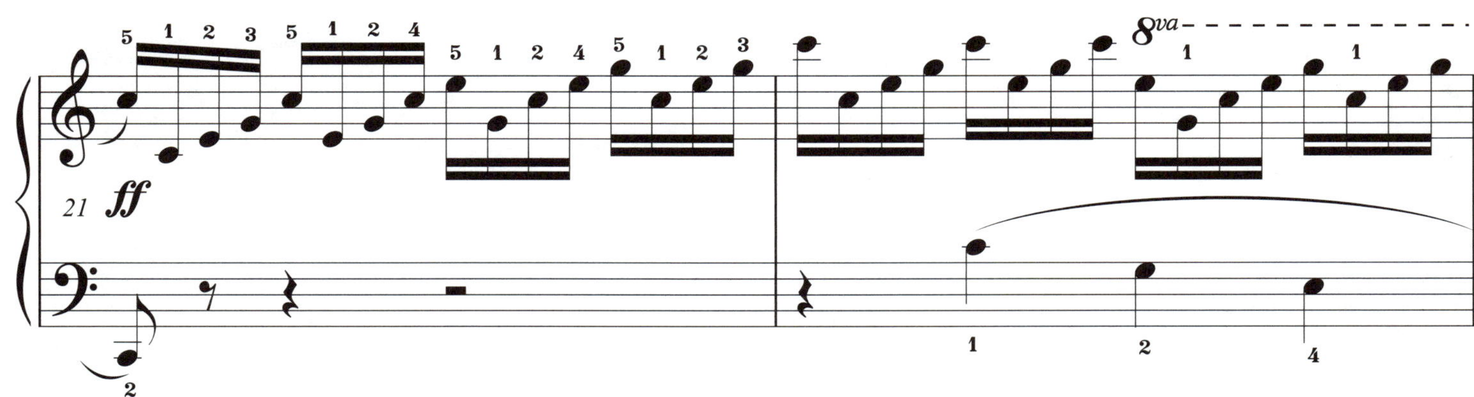

매우 빠르게

Molto vivace (♩ = 80) 빠르고 음을 끊김 없이 연주합니다.

7

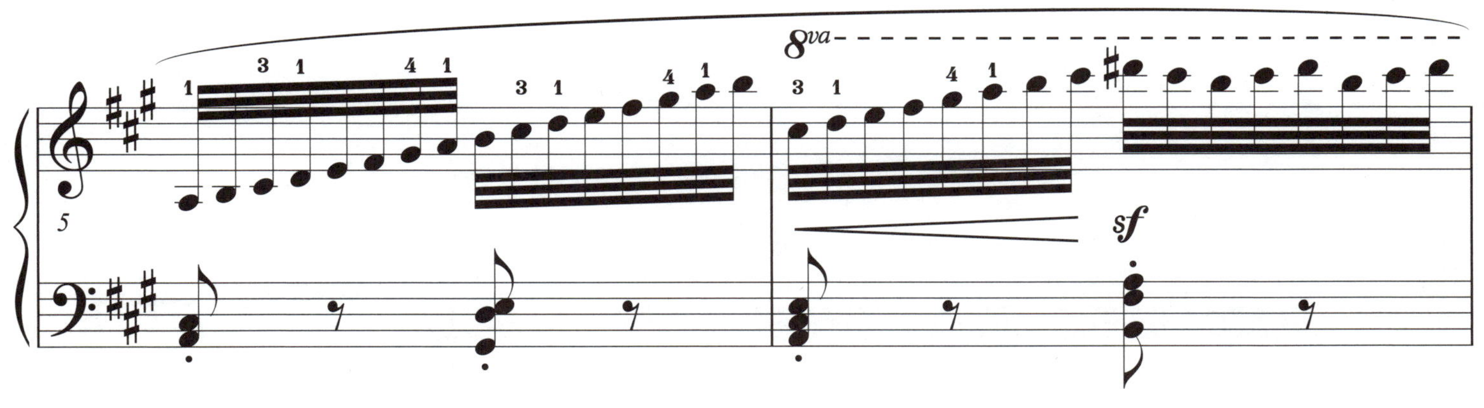

이음줄로 음이 끊기지 않도록 합니다.

fp ①
fp
cresc.
fp
fp
cresc.
p

19
sf
2
4
21
ff
매우 세게 연주합니다.
8va
23
8va
25
ff
27
②
마지막 다섯개의 화음은 외워서 확실한 터치로 건반을 칩니다.

빠르게 춤곡 풍으로

Allegro en galop (♩ = 138) 악센트와 스타카토 연습입니다. 두 기호의 차이를 생각하며 치세요.

8

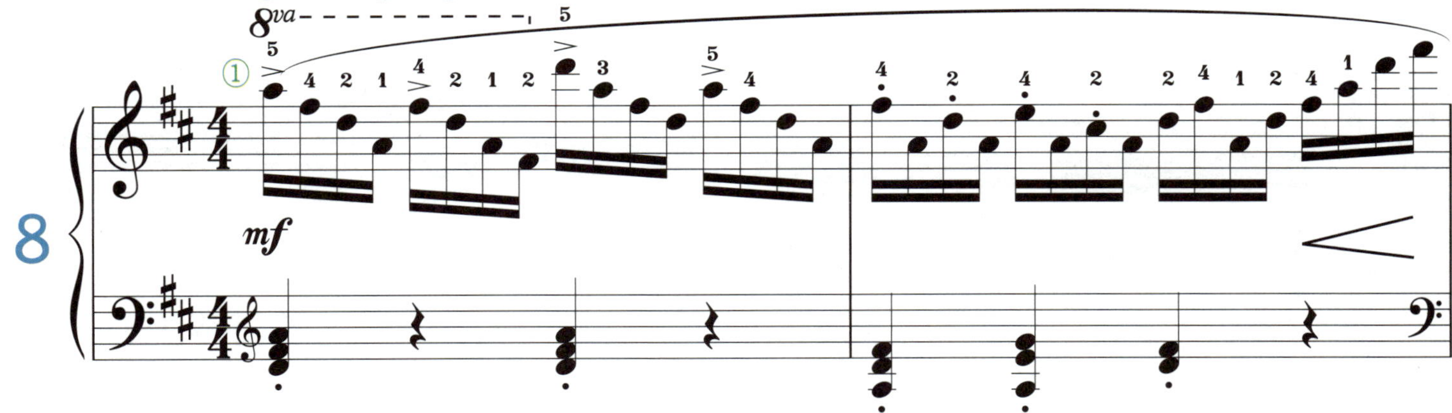

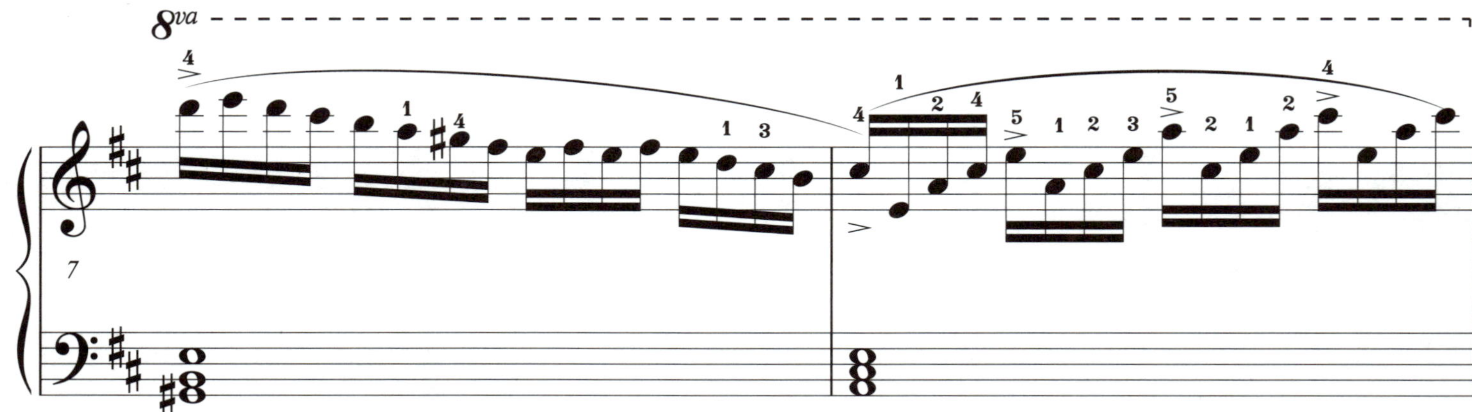

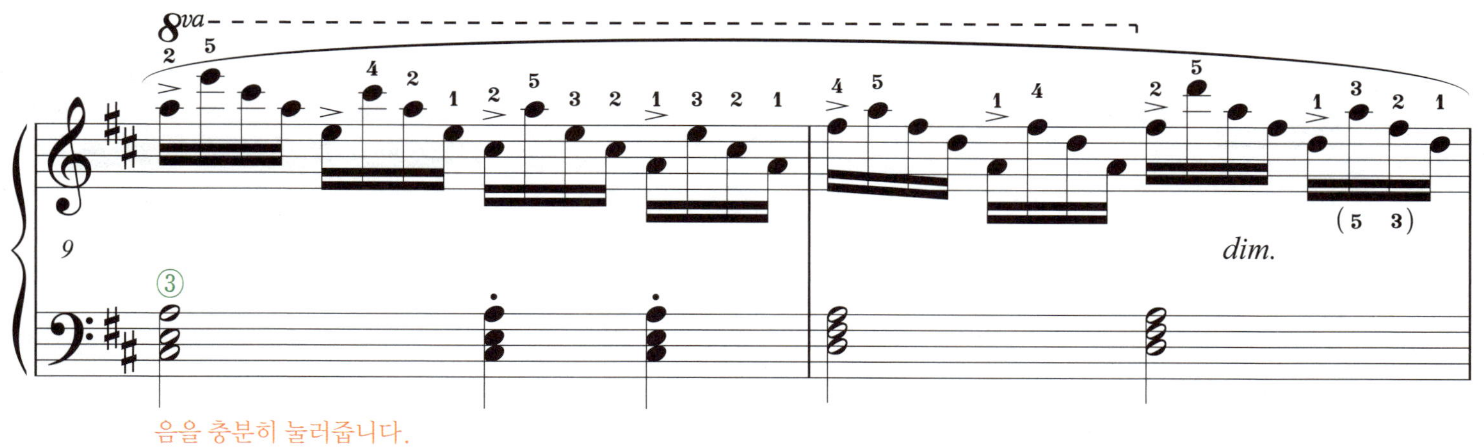

음을 충분히 눌러줍니다.

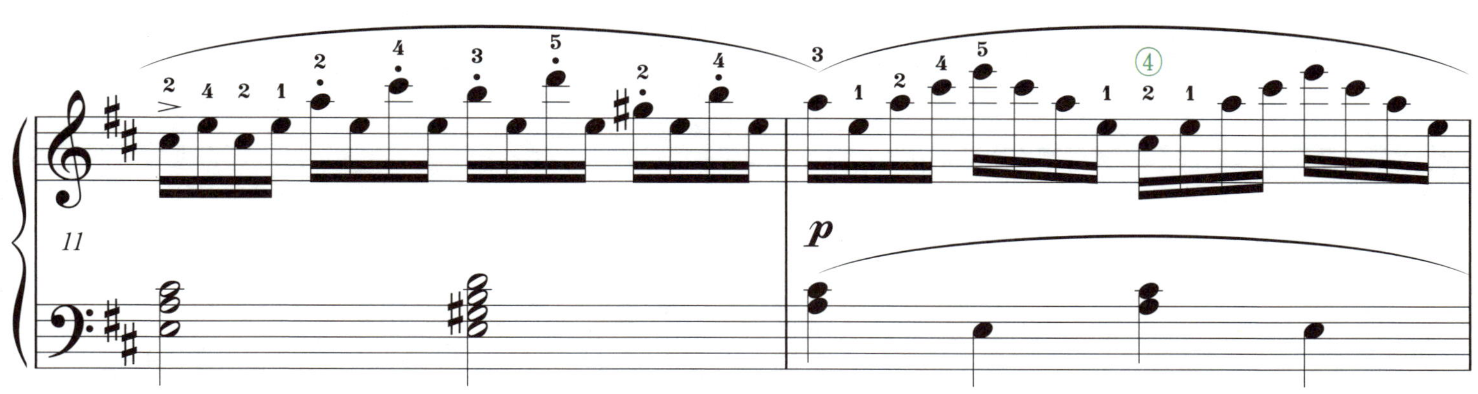

8va
f
17
8va
3 4 1 2 4 1 2 4
dim.
5
p
19
2 1 2
5
4
2
1
2
5
4 1 2 4 2 2 4 1
1
f
21
2 1
4 1 2 4 1
5
ff
23
5
4 1 2 5 1 2 3 5 2 1 4 1 2 4 5 2 4 5 2 1 1 5 3
2 8va
sf
25
2 3 5

빠르고 유쾌하게
Alltgro piacevole (♩. = 60)
셋잇단음표의 첫 음을 선율적으로 느껴보세요.

9
p   dolce e leggiero   (부드럽고 가볍게)
①

3

8va
5
cresc.
팔에 힘을 빼고 가볍게 연주합니다.
sf ②

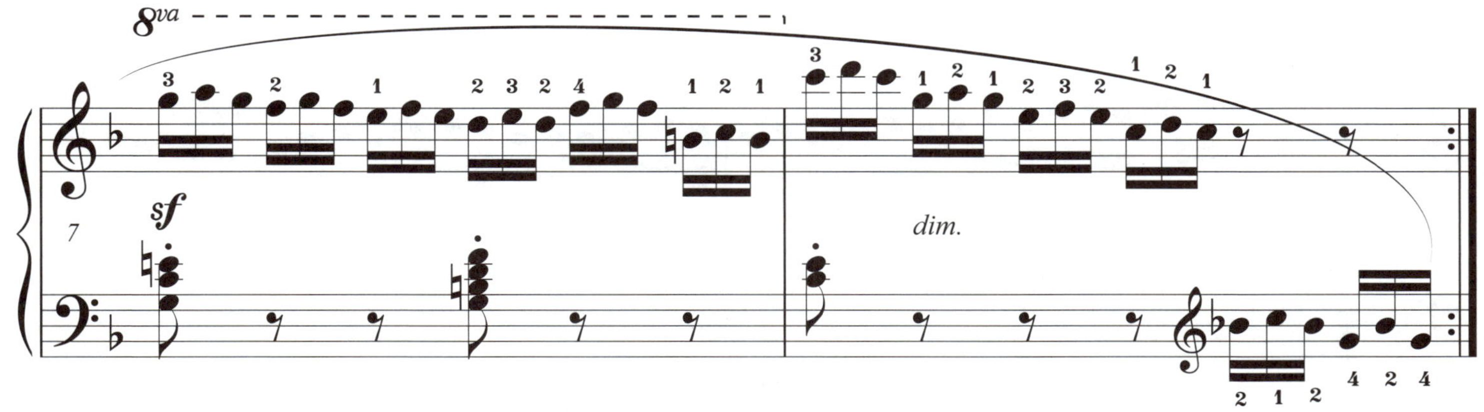
8va
7
sf
dim.
2 1 2   4 2 4

p
cresc.
sf
dim.
f
8va
음의 길이를 충분히 눌러 줍니다.

왼손을 선율적으로 연주해 보세요.
음을 충분히 끌어 줍니다.

10

빠르고 익살스럽게
Allegro scherzando (♩. = 60)
① p
dolce e leggiero
나머지 박은 가볍게 스타카토.
첫 음은 그 음표 길이만큼 정확하게 지속 합니다.
②
③

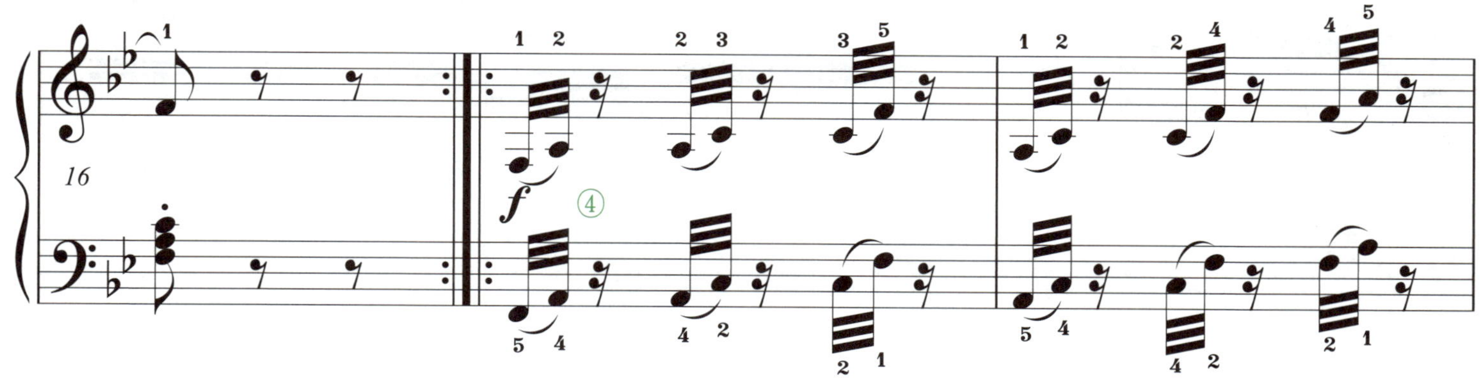

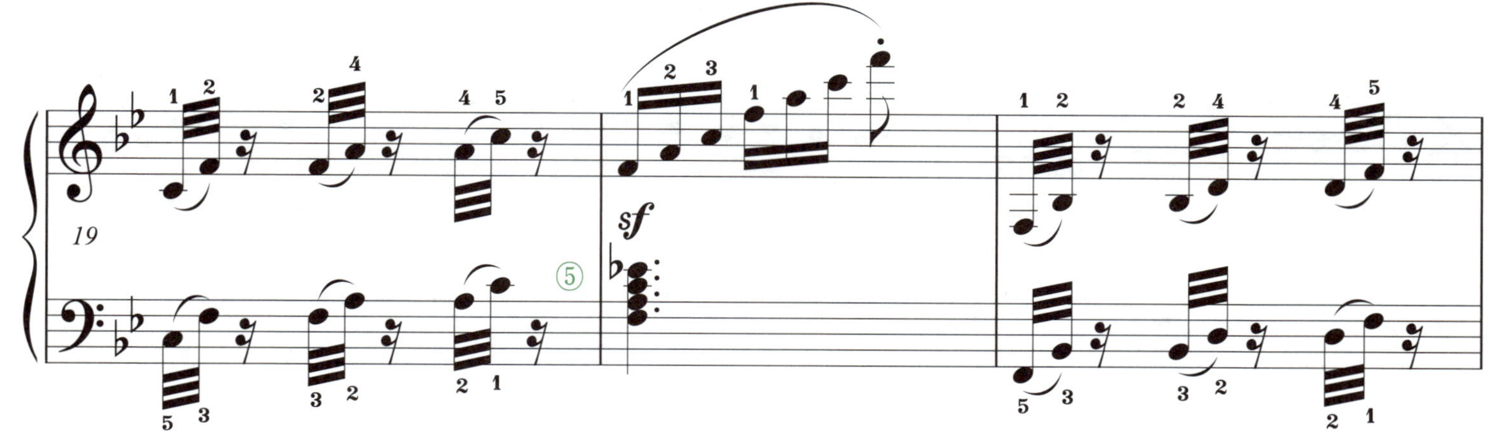
1번 손가락에 악센트가 들어가지 않도록 합니다.

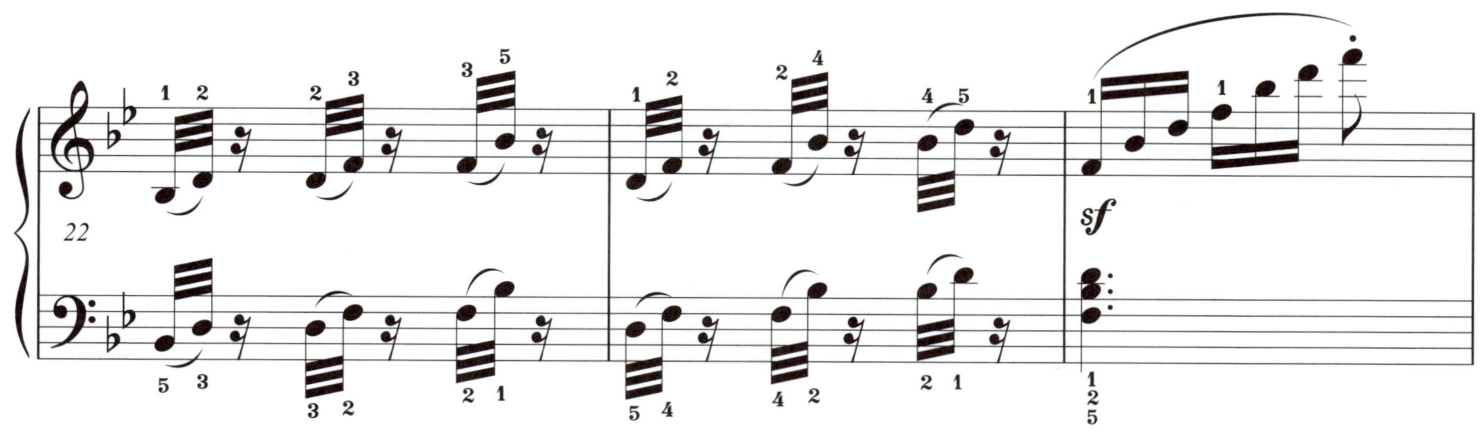

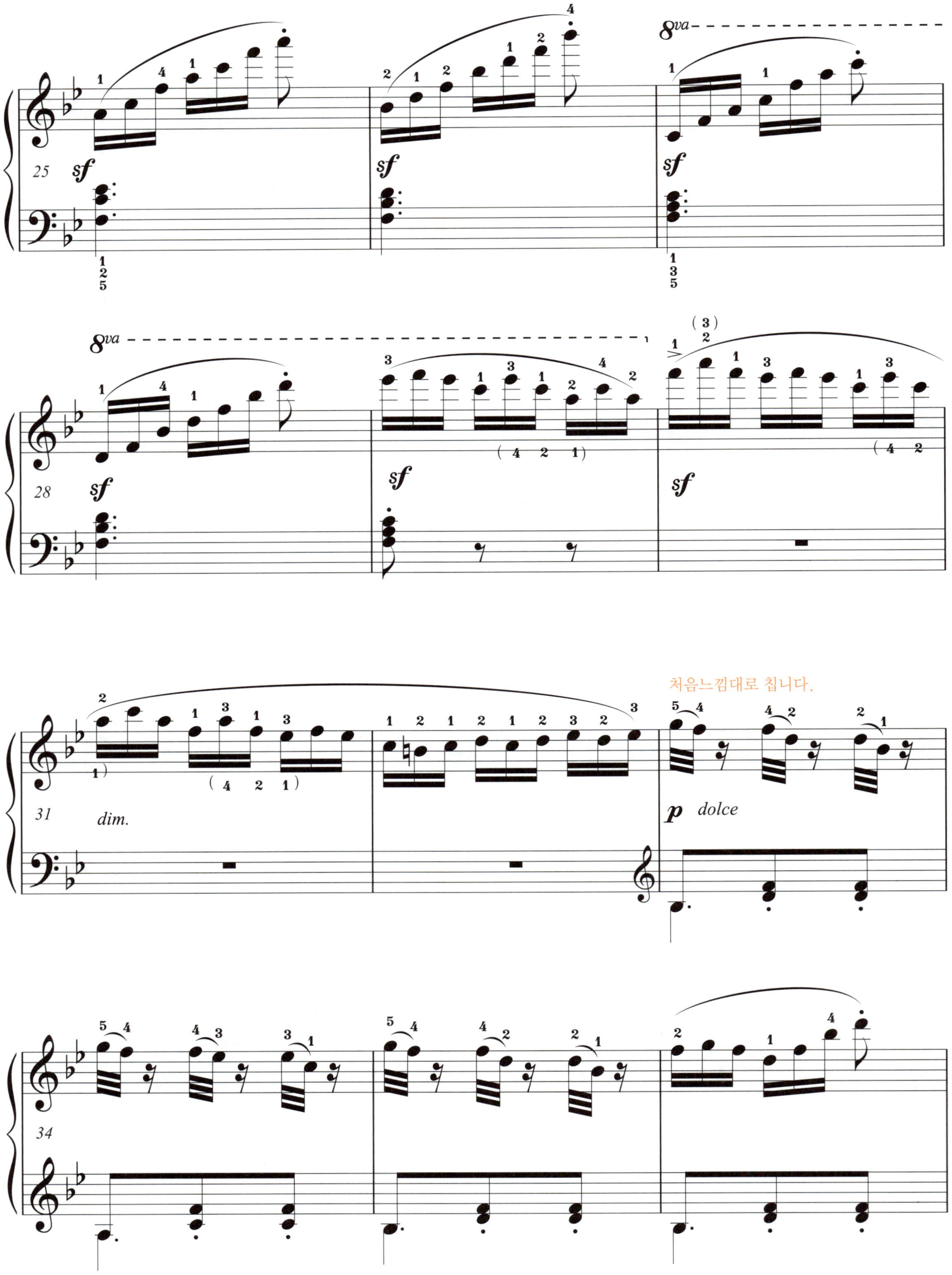

처음느낌대로 칩니다.
8va
8va
sf
dim.
p dolce

37
poco a poco   cresc.
40
43
8va
(5)
f
5
가볍게 스타카토로 마무리 합니다.
46
5(4)
5(4)

매우 빠르게
Molto allegro (♩ = 108) 박자가 빨라지지 않도록 주의해서 치세요.

11

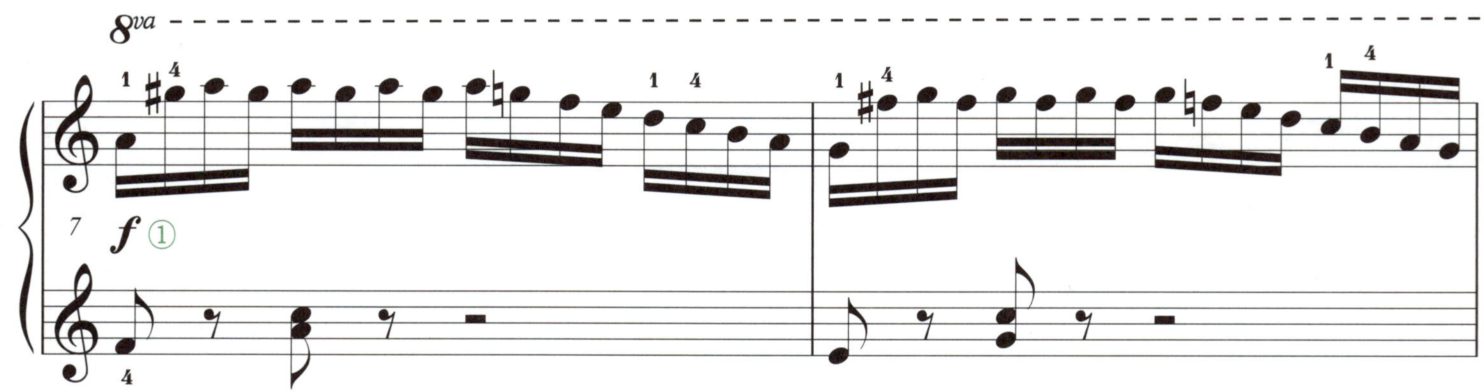

각 음의 스포르잔도를 지키며 연주합니다.

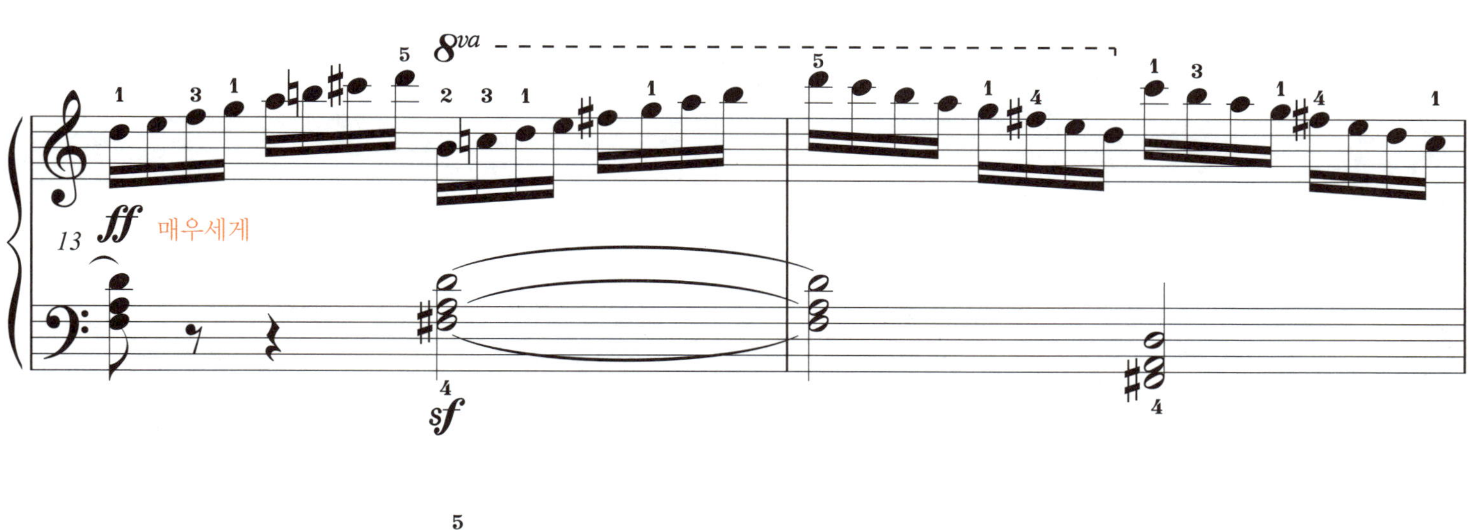

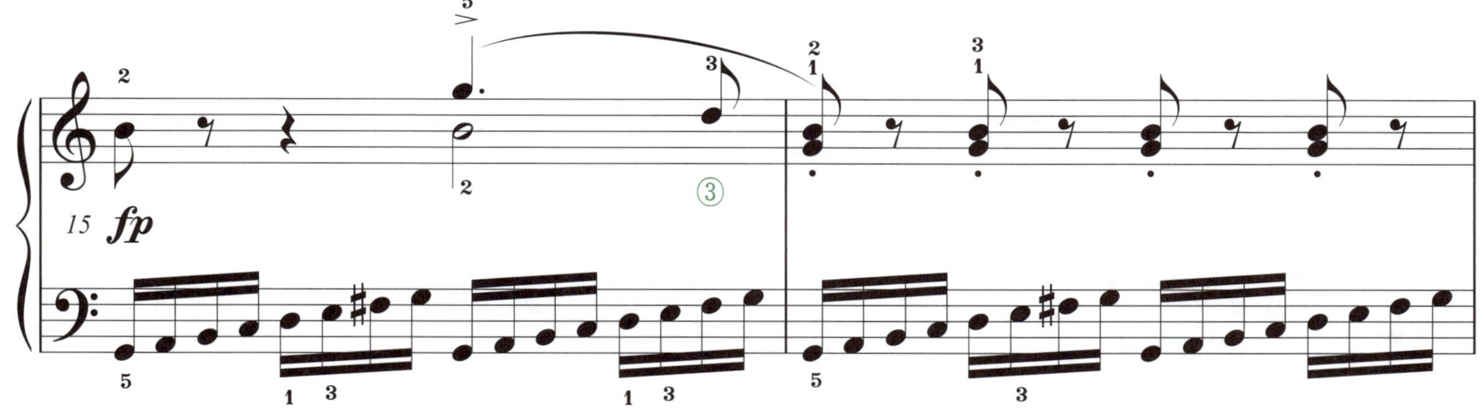

왼손음계 부분입니다. 박자와 손가락 번호에 유의해서 치세요.

17
19
cresc.
8va
21
8va
23
f
dimin.
8va

25
f
dimin.

27
cresc.

29
8va

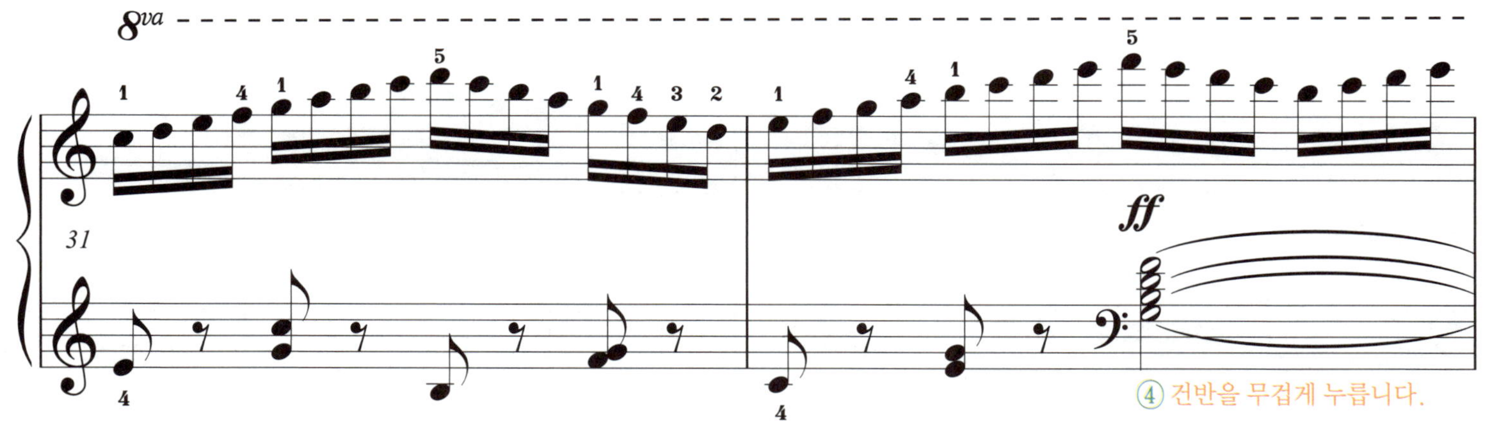
8va
31
ff
④ 건반을 무겁게 누릅니다.

매우 빠르게
Molto allegro (♩ = 104) 오른손은 리듬이 분명하게, 손가락이 명확한 터치가 되도록 하세요.

12

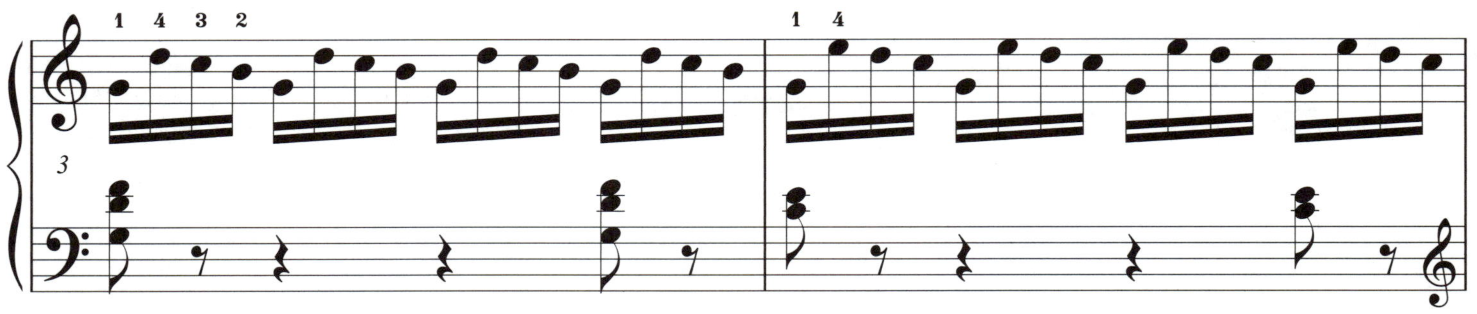

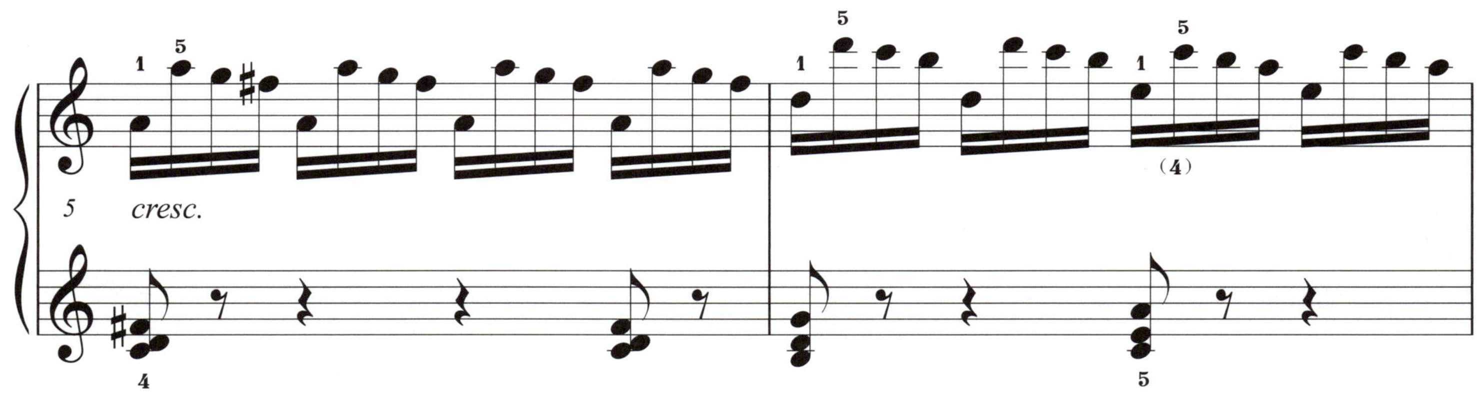

손가락 연습과 함께 손목을 부드럽게 하는 데도 좋은 곡입니다. 하나하나 음형과 리듬을 잘 살려서 연습합니다.

cresc. - - -

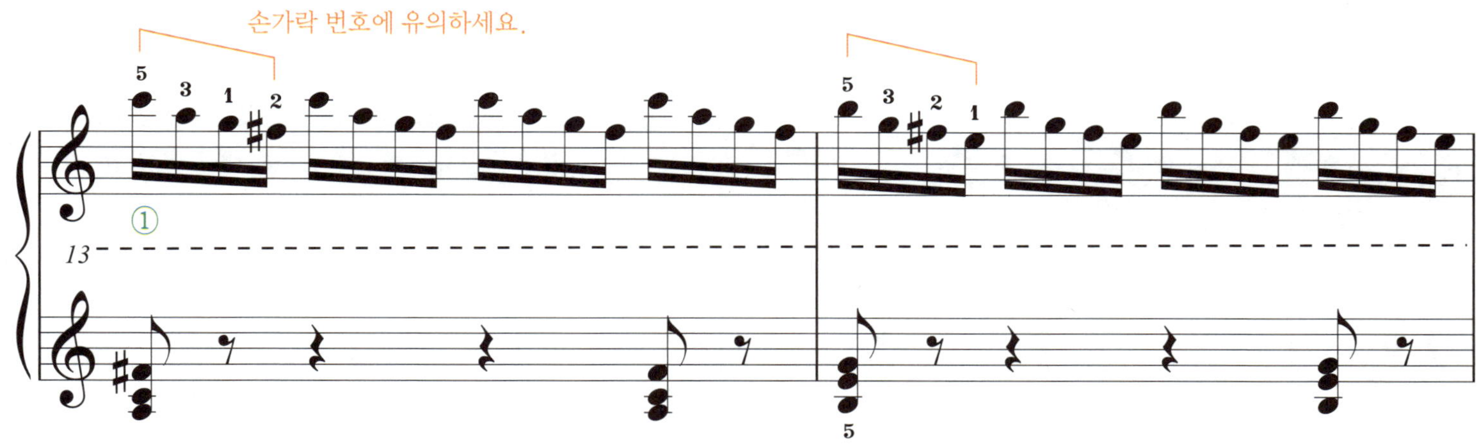

손가락 번호에 유의하세요.

f   dimin.

② 손가락 사이를 넓히는데 효과적인 연습입니다.
17
p

19

손가락을 모아서 벌어지지 않도록 합니다.

21
cresc.

23
piu cresc.

매우 빠르게
Molto allegro (♩ = 104)
13
p leggiermente, non legato (가볍고 부드럽게)
왼손은 레지에로 주법을 위해서 부드럽고 가볍게 연주하세요.

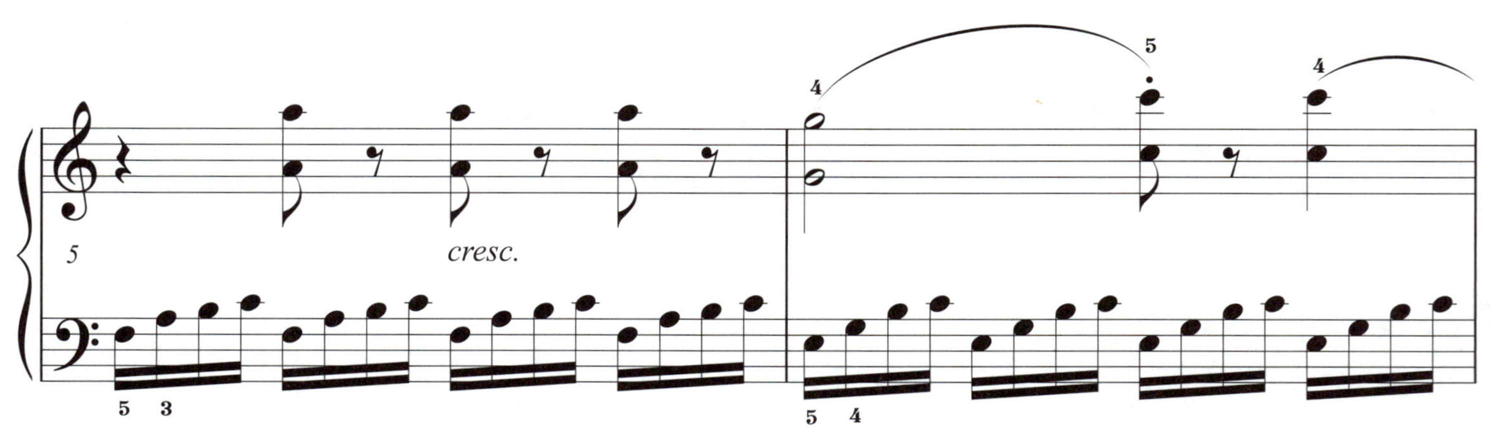
cresc.

왼손을 위한 연습입니다. 오른손은 슬러와 스타카토에 주의하고 왼손은 리듬을 정확하게 하여 연주합니다.

오른손은 가볍게 칩니다.
왼손은 레지에로 주법으로, 오른손은 선율적으로 칩니다.

2분음표 길이를 충분히 누릅니다.
cresc.

29
f
dimin.
(3
31
p
33
35
8va

매우 빠르게
Molto allegro (♩ = 104)
14
p
① 왼손 스타카토는 가볍고 명쾌하게

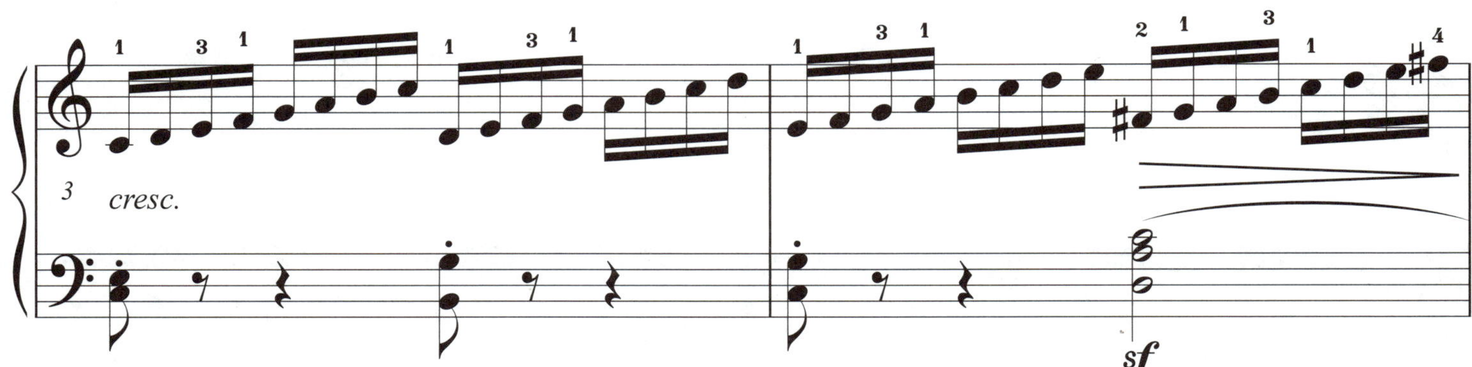
3
cresc.
sf

5
p

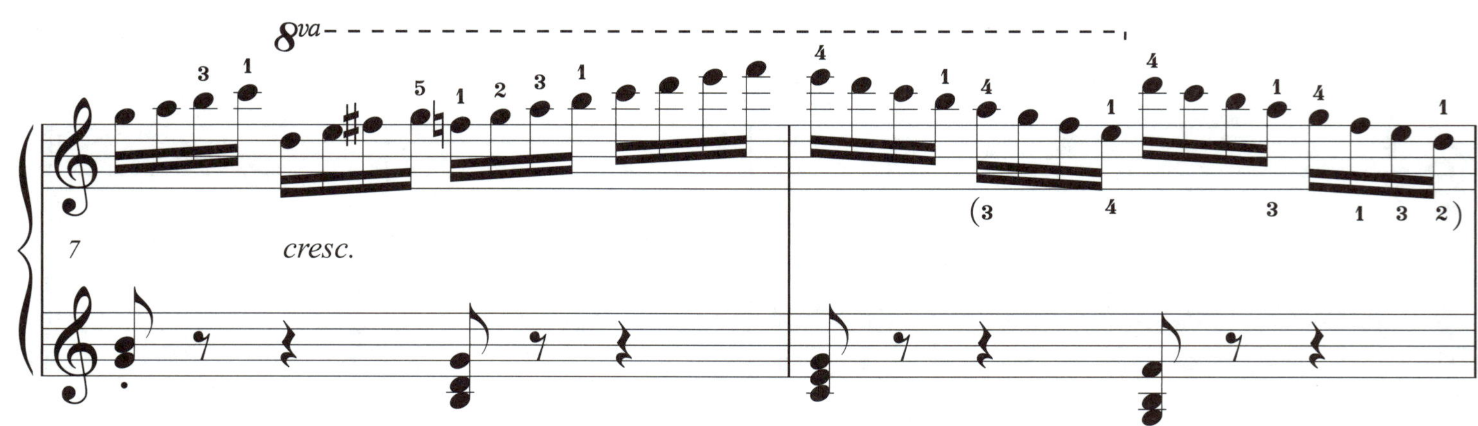
8va
7
cresc.

dimin.

8va
cresc.

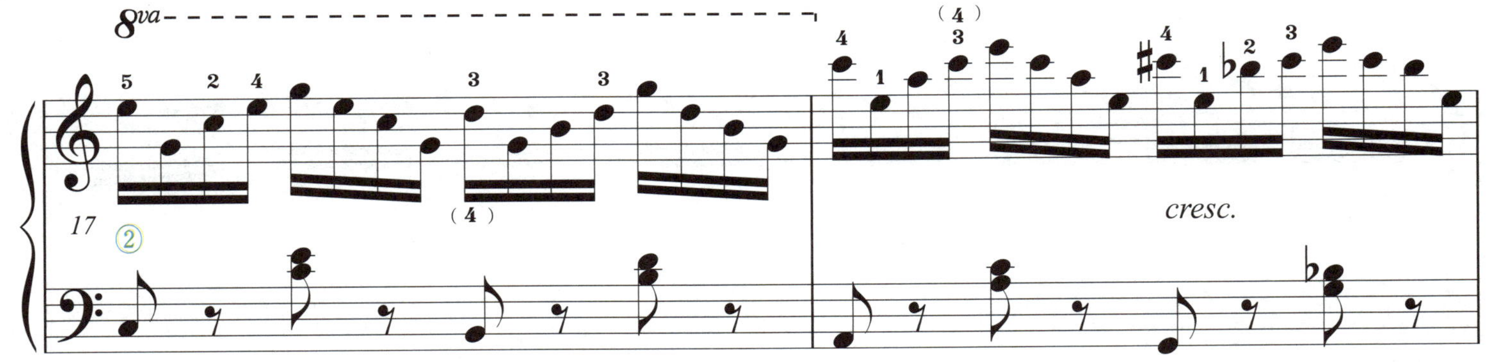

8va
17
(4)
(4)
cresc.

19

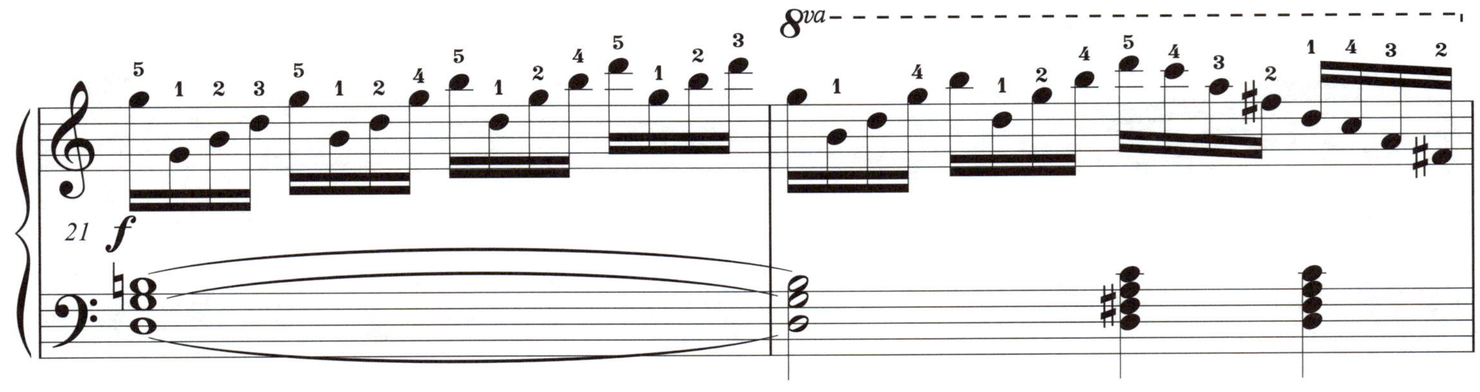

8va
21
f

23
fp

cresc.
8va
ff
f
p
힘차게 건반을 누르세요.
4 2분음표 음을 충분히 눌러 줍니다.

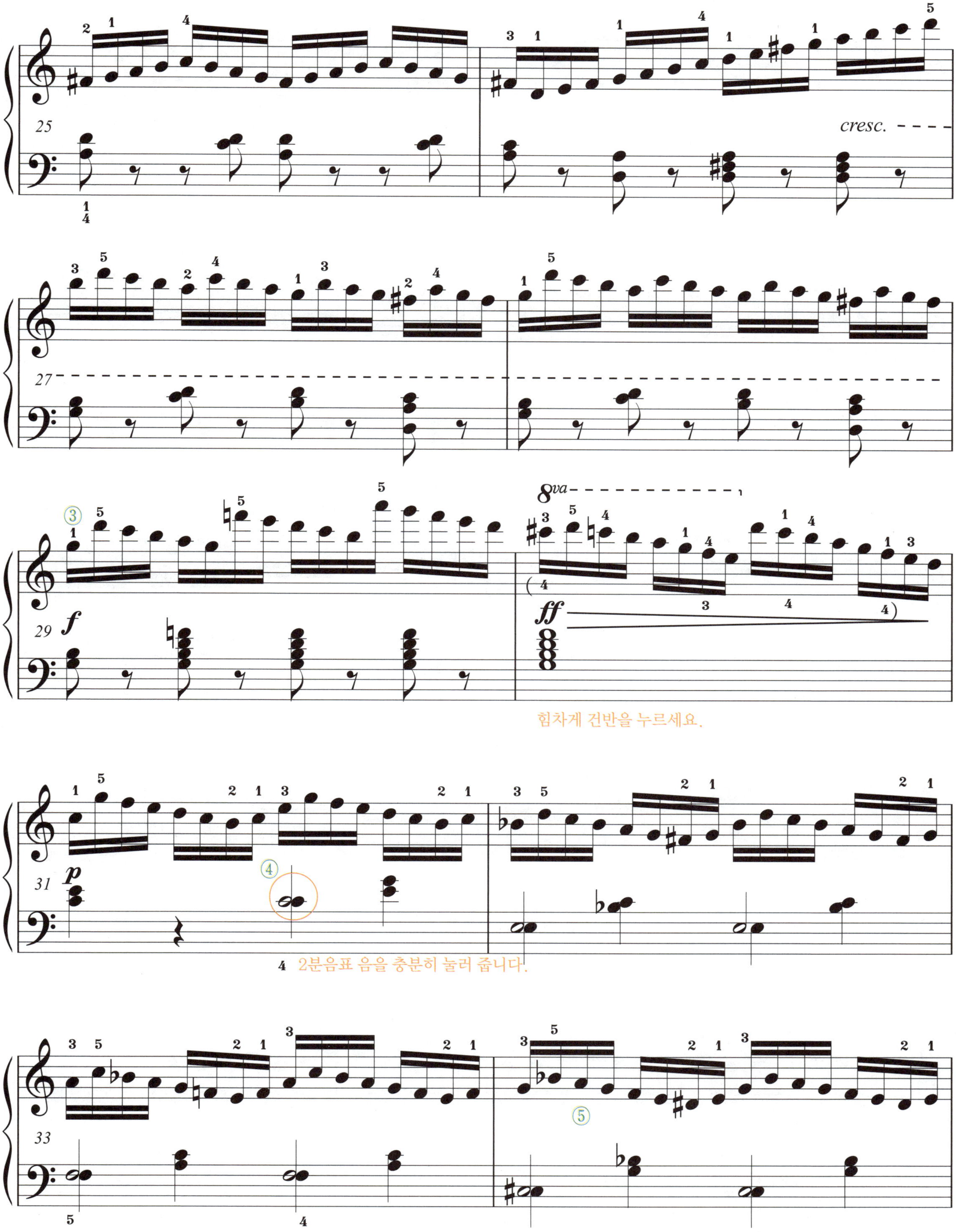

손가락번호에 유의하세요.
35 cresc.
8va
37 f ⑥
(2 3 4)
2 3 4 3)
8va
⑦
39 ff
dimin.
41
43 p

cresc. poco a poco （점점 크게 연주합니다.）
f
dimin.
p
pp

매우 빠르게
Molto allegro (♩ = 108)

15

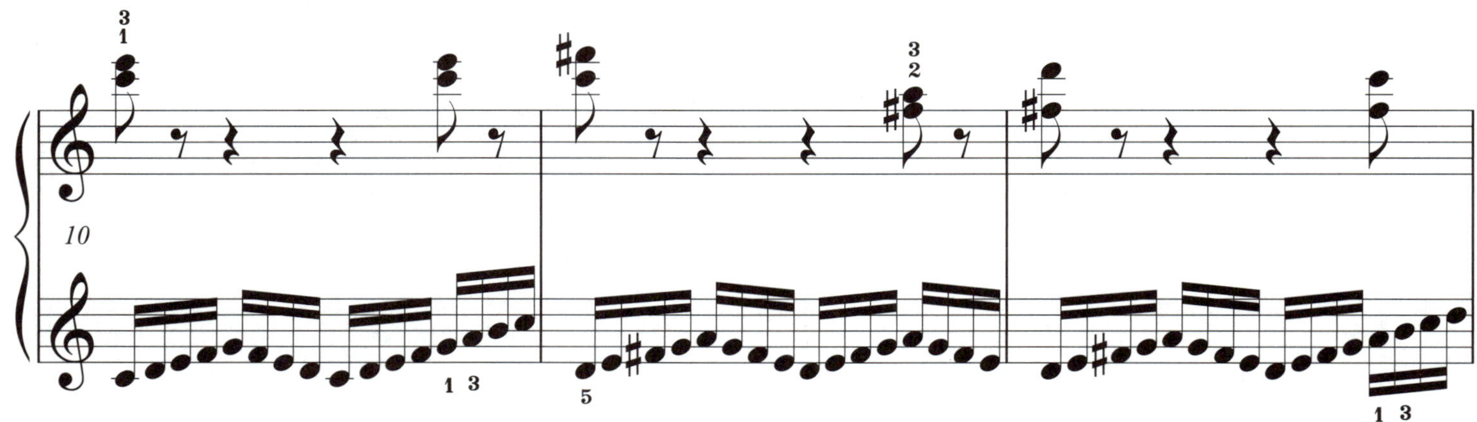

양손이 음계를 주고받을 때 자연스럽게
끊김이 없어야 합니다.

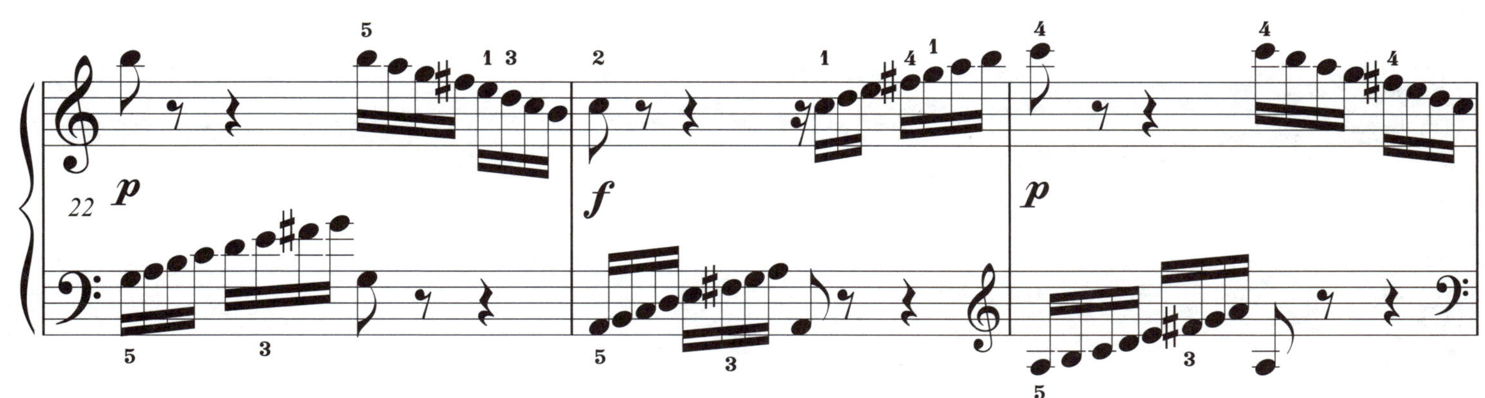

슬러와 스타카토에 주의하세요.

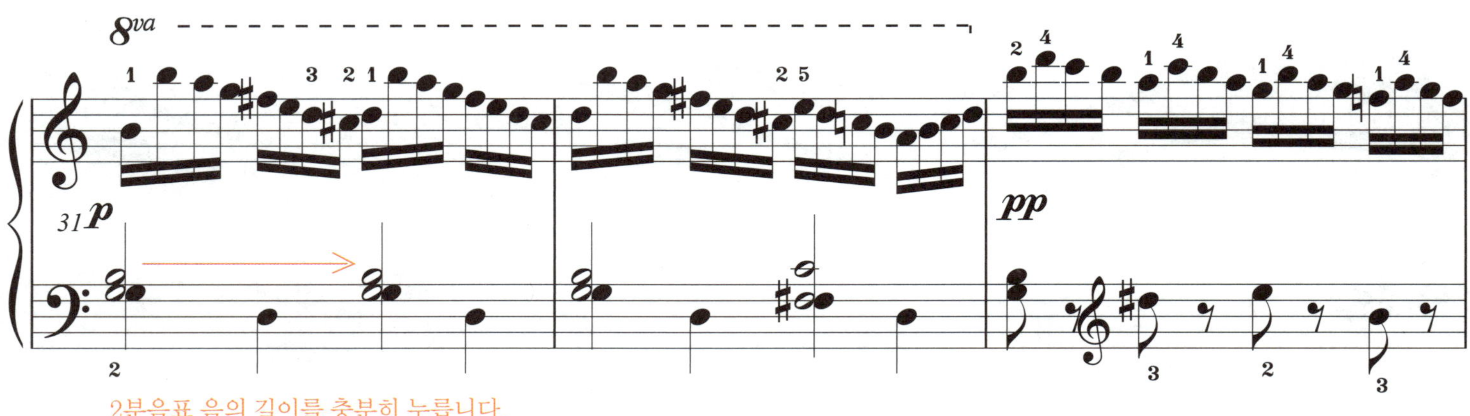
2분음표 음의 길이를 충분히 누릅니다.

37
건반을 무겁고 강하게 누릅니다.

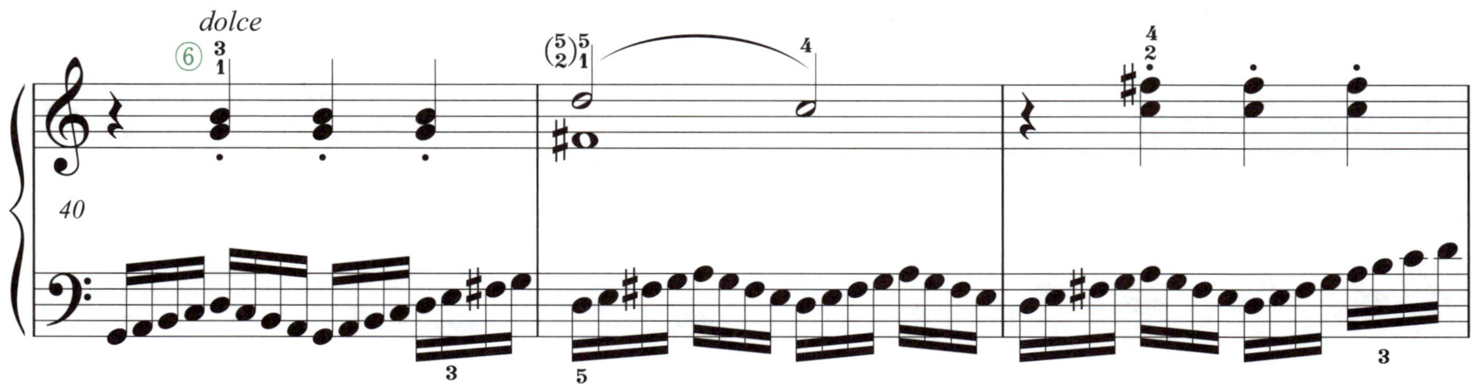
dolce
40

43
cresc.

46

음을 충분히 누릅니다. 2성부의 음이 들리도록 연주합니다.

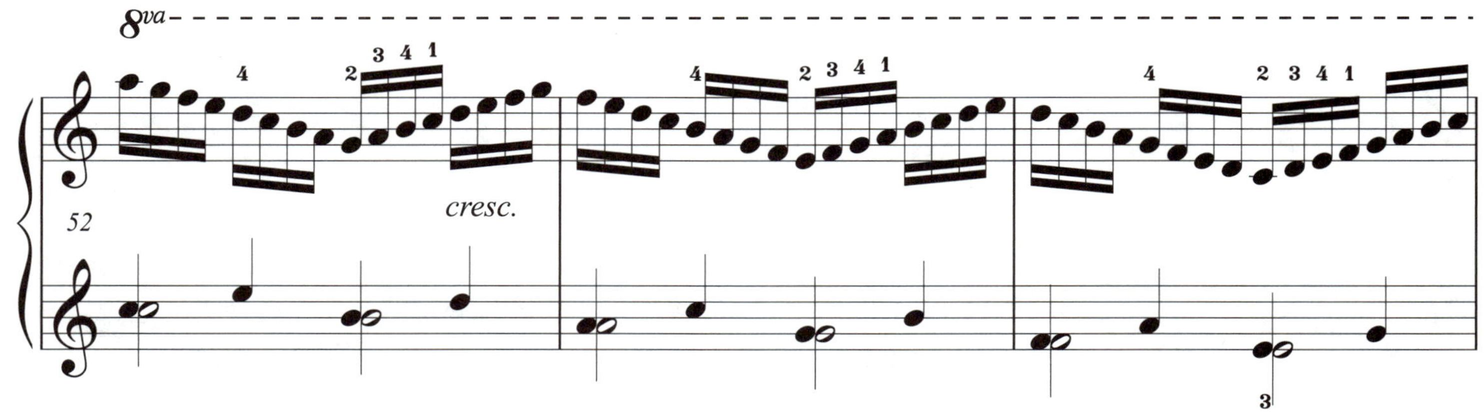

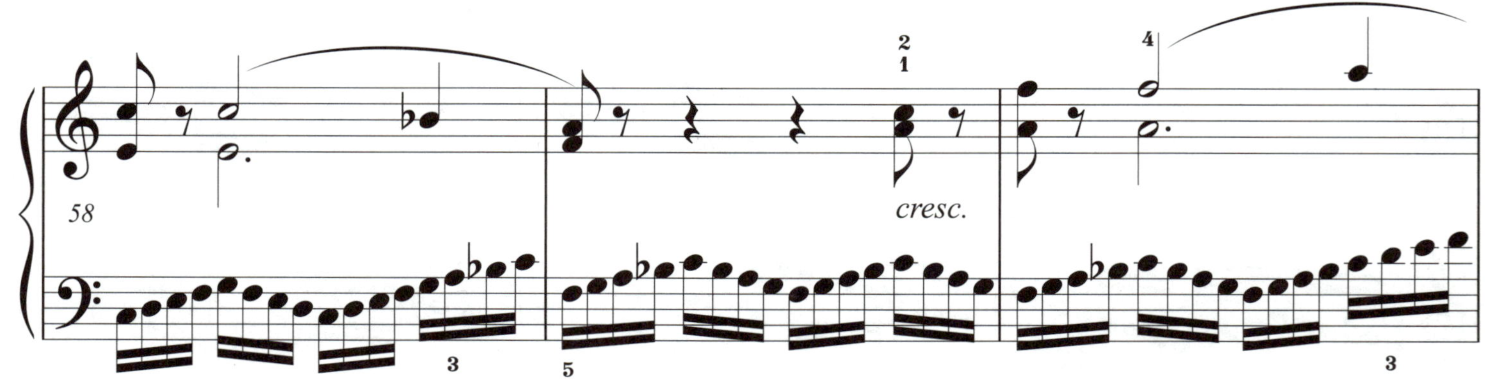

61
63 f
⑧
⑨
65
손가락 번호에 유의합니다.
67
쉼표의 박자를 정확히 지키세요.
69
dimin. - - - - - - - - - - - - - - - - - - -
p
여리게
ff
매우세게

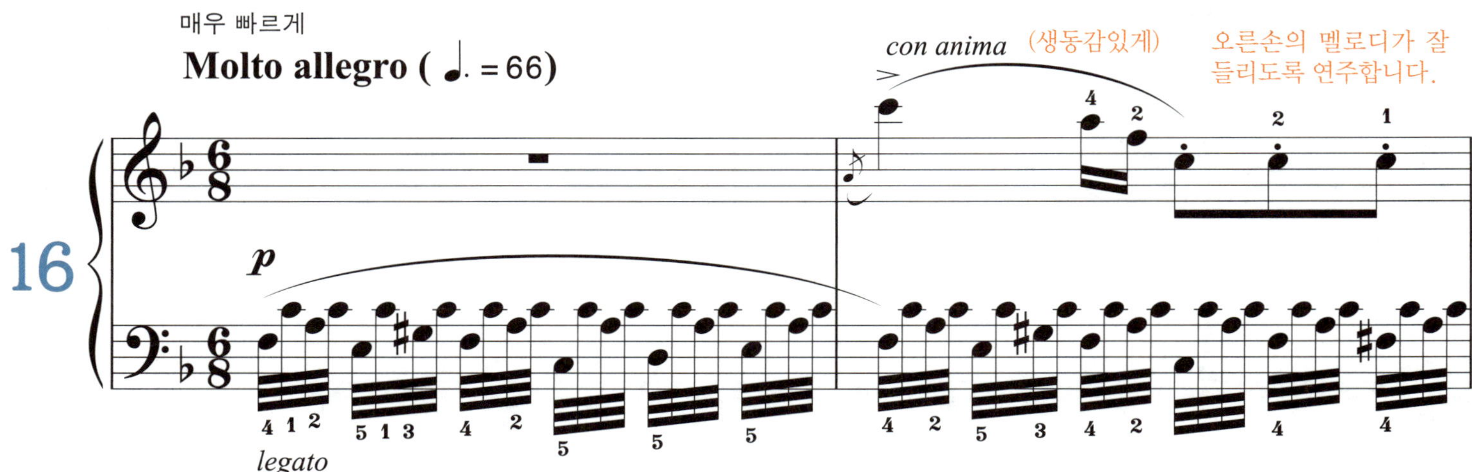
매우 빠르게
Molto allegro (♩. = 66)
p
legato
con anima （생동감있게）
오른손의 멜로디가 잘 들리도록 연주합니다.
레가토로 끊김없이 가볍게 연주합니다.
16

건반을 무겁고 힘있게 연주합니다.

23 sf
p
25 dolce 겹 음의 연결이 잘 들리도록 합니다.
⑧
27 dimin. pp
29 ⑨ cresc. ff

17

매우 빠르게
Presto (♩. = 132) 손가락이 독립적으로 명확히 연주합니다.

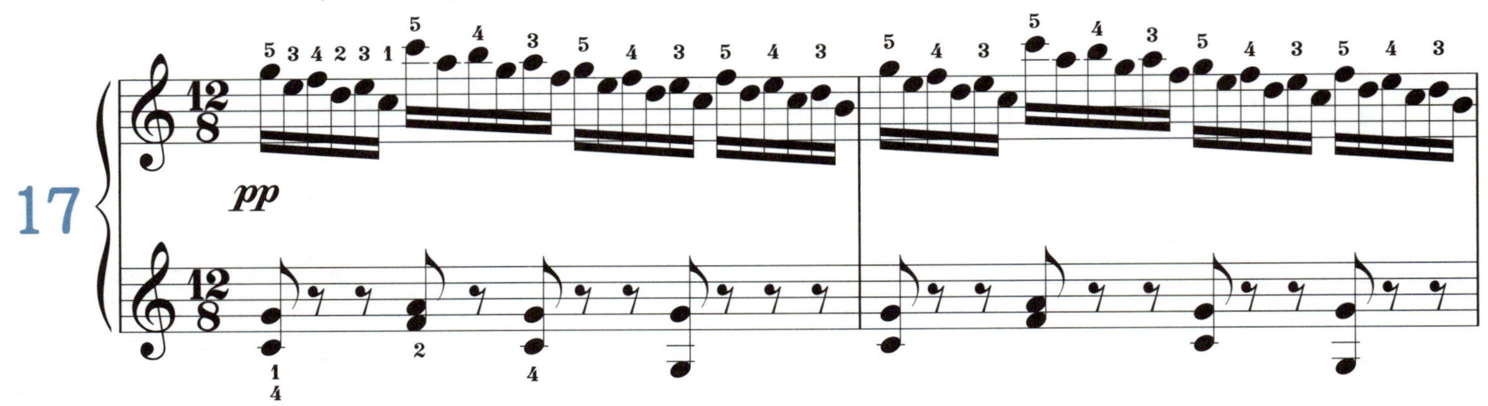

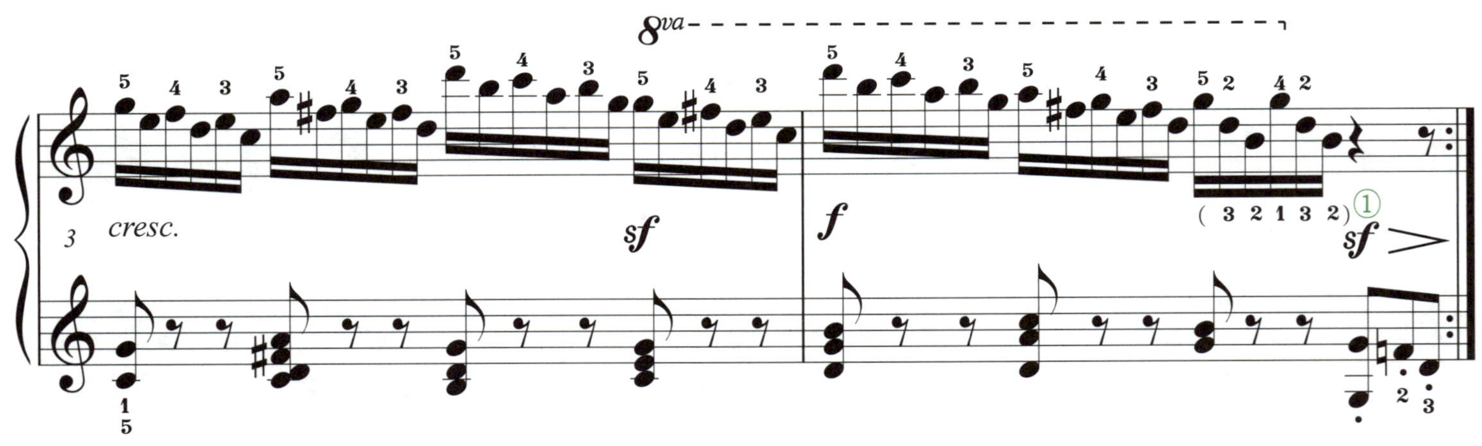

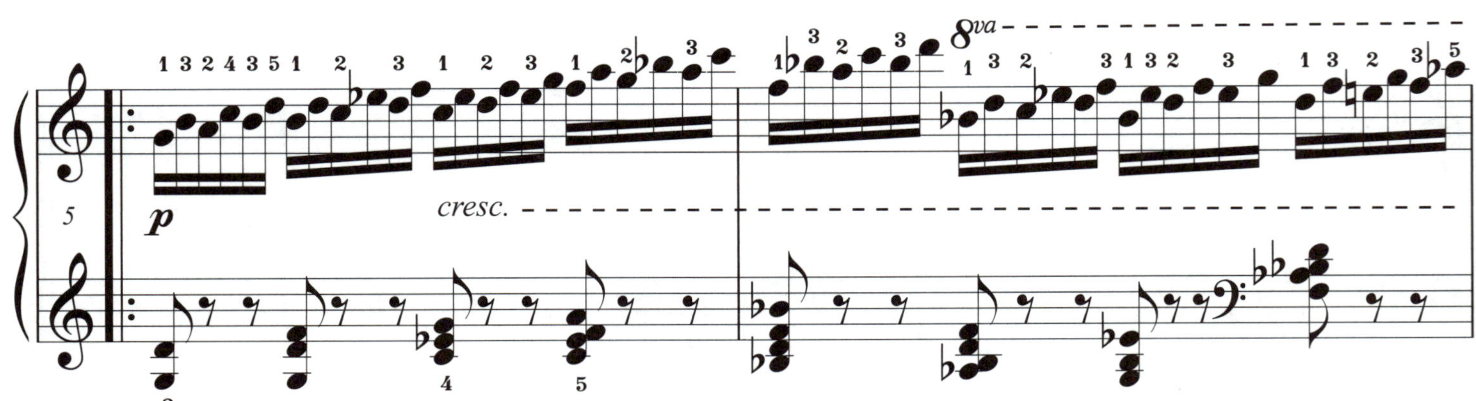

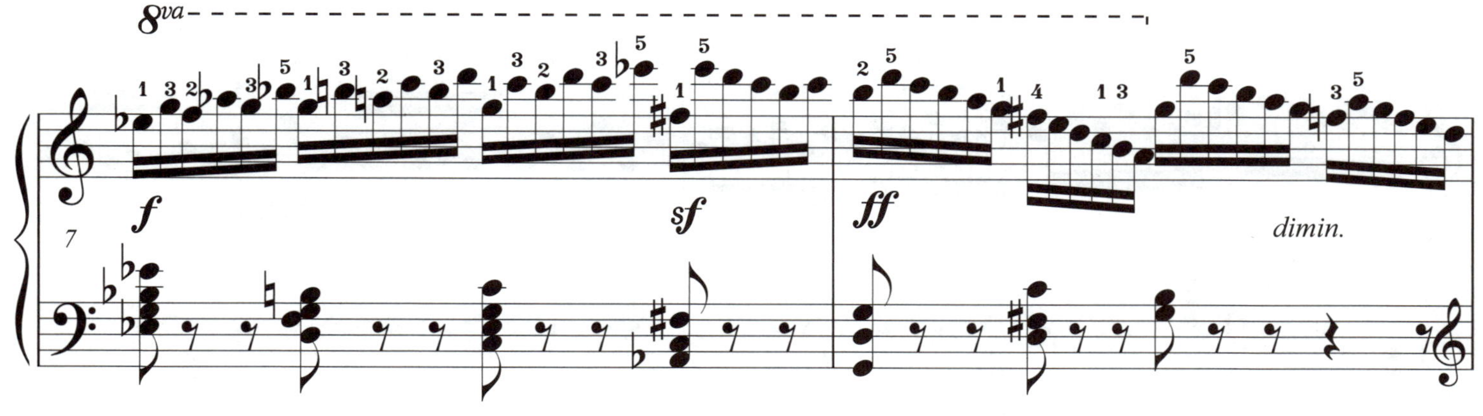

임시표에 유의하여 칩니다.

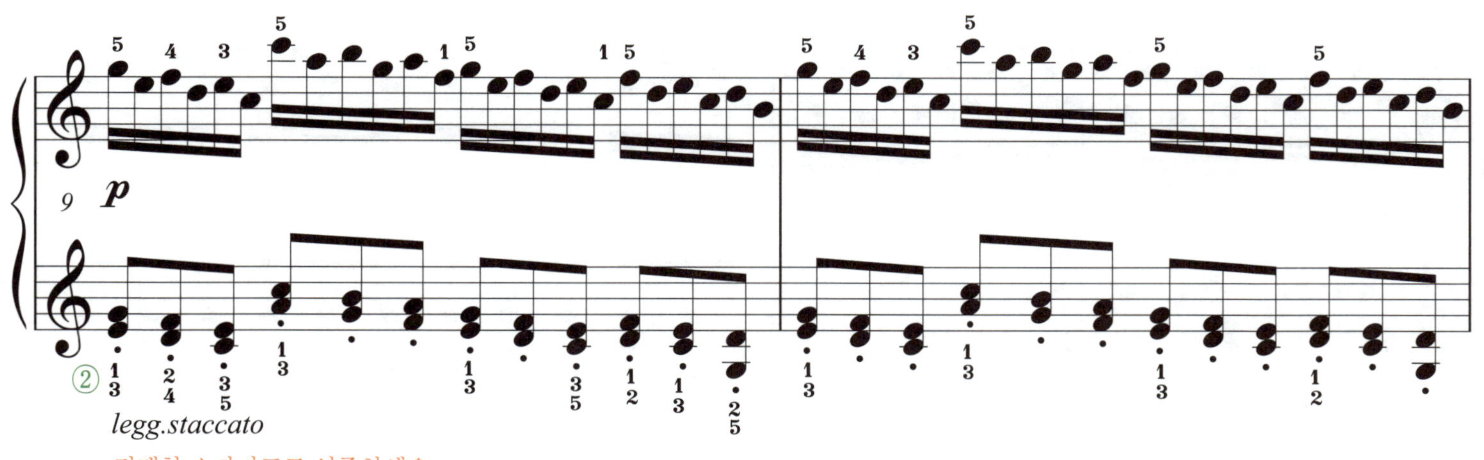

경쾌한 스타카토로 연주하세요.

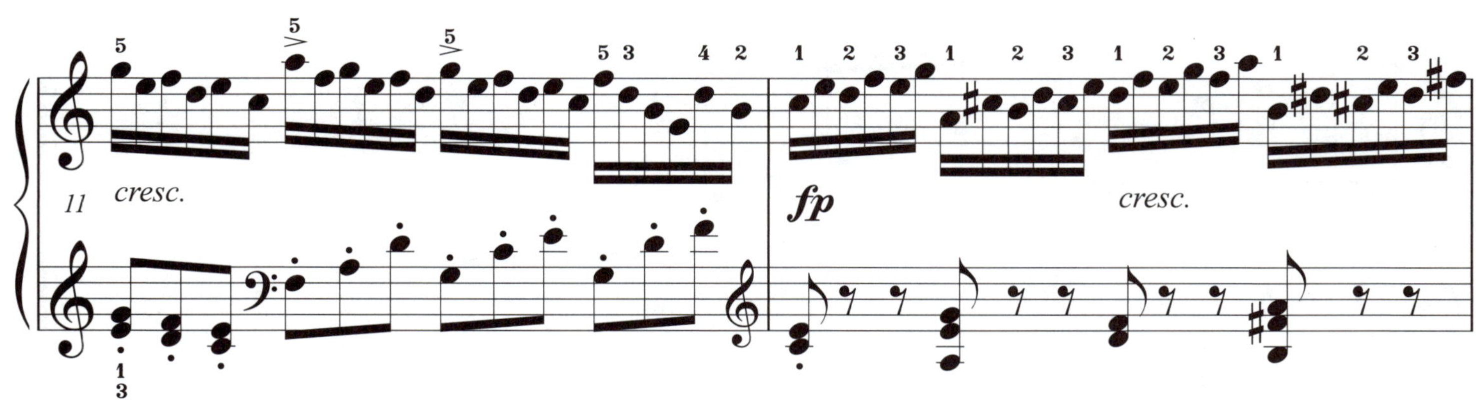

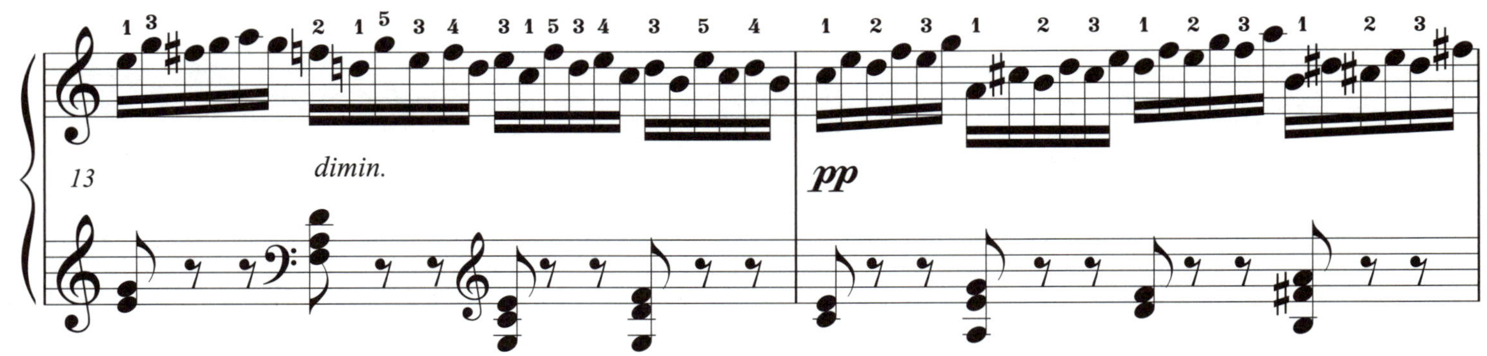
13
dimin.
pp

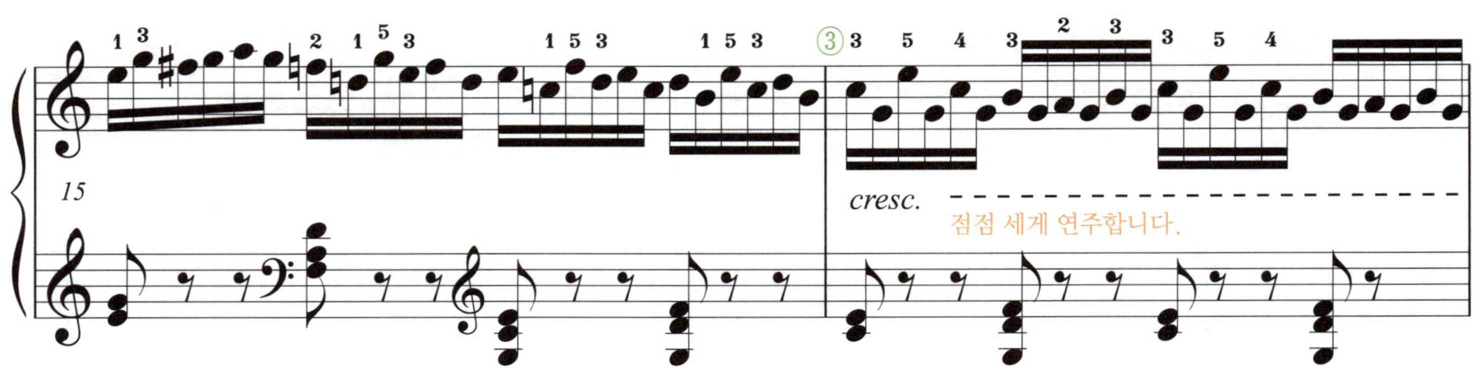
15
cresc.
점점 세게 연주합니다.

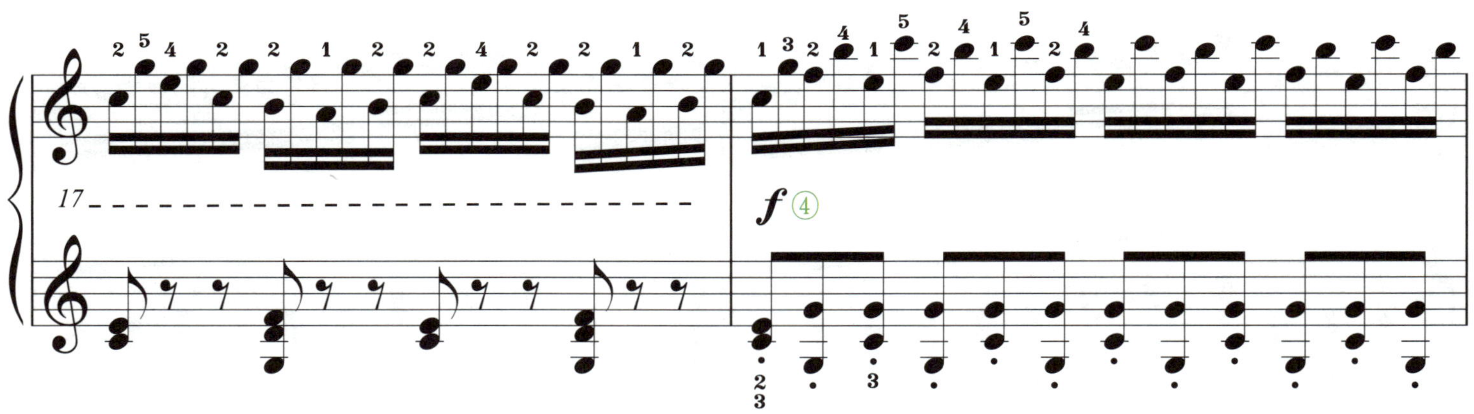
17
f

19
ff
박자에 유의하세요.

매우 활기차고 격렬하게

Molto vivo e velocissimo ($\quarternote$ = 116)

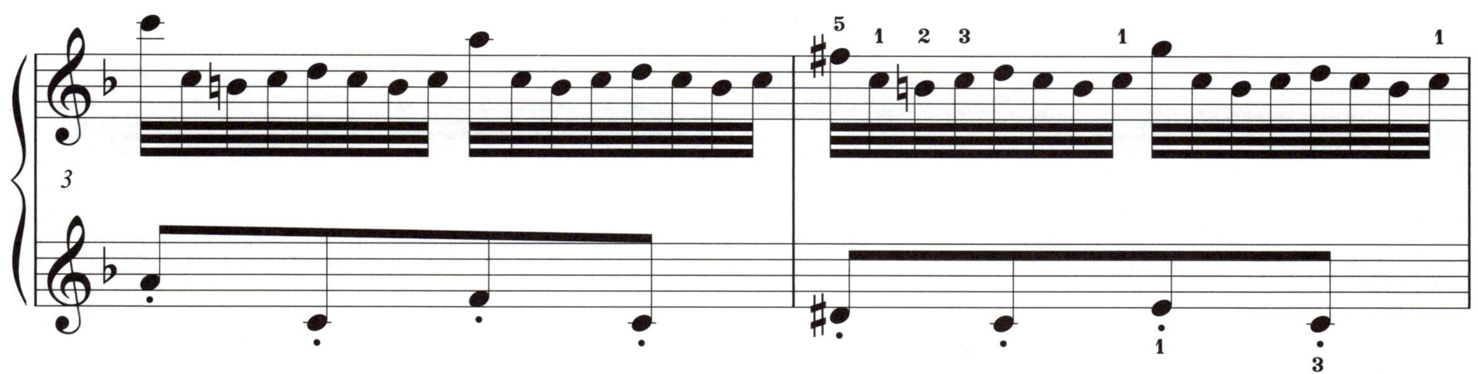

못갖춘마디의 박자를 지키세요.
음을 충분히 끌어주세요.

매우 빠르게

Molto allegro (♩ = 96)

sempre simile 같은 음을 반복해서 칩니다.

19

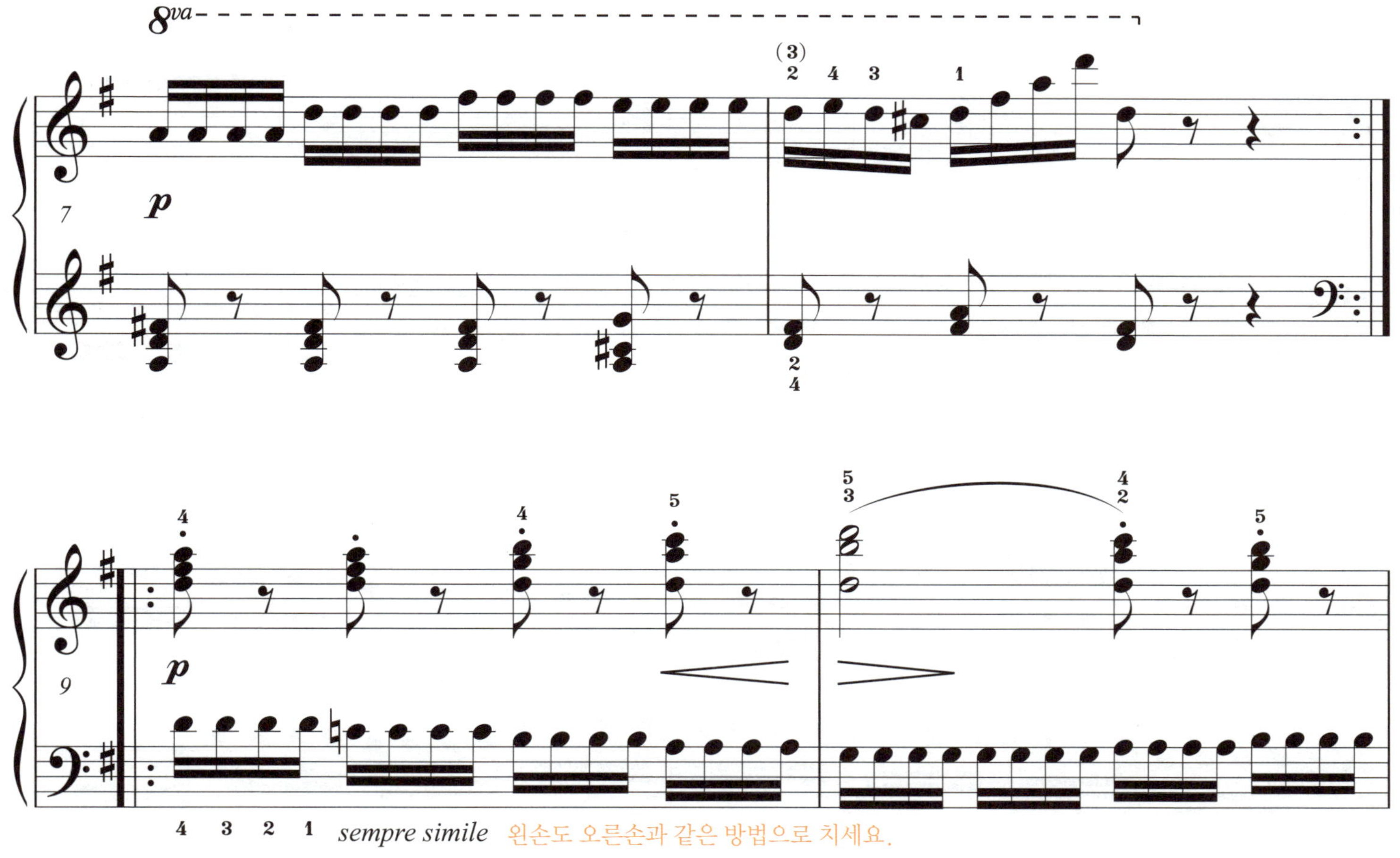
sempre simile 왼손도 오른손과 같은 방법으로 치세요.

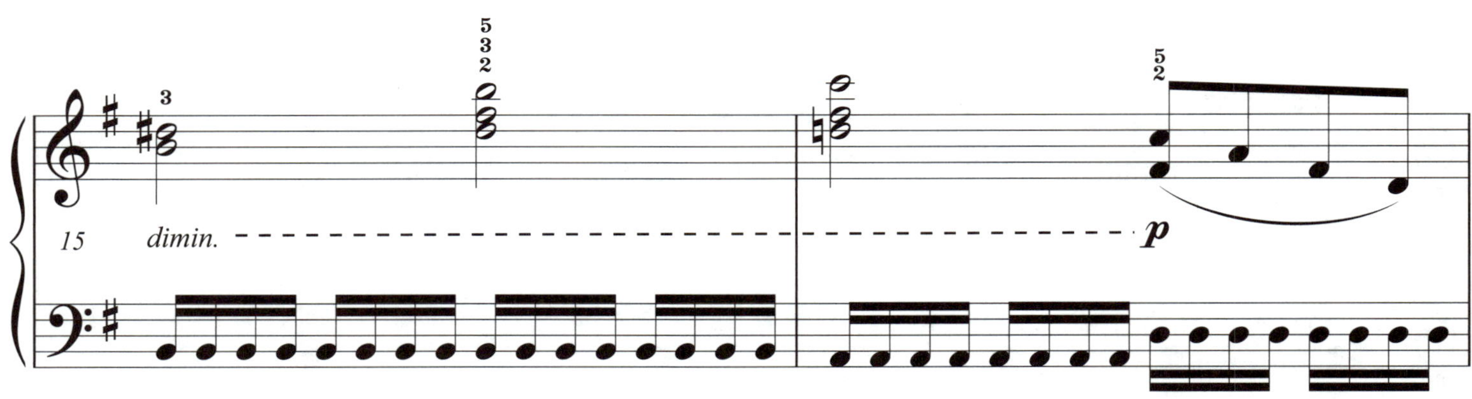

양손이 같은 주법으로 같은 음량을 칩니다.

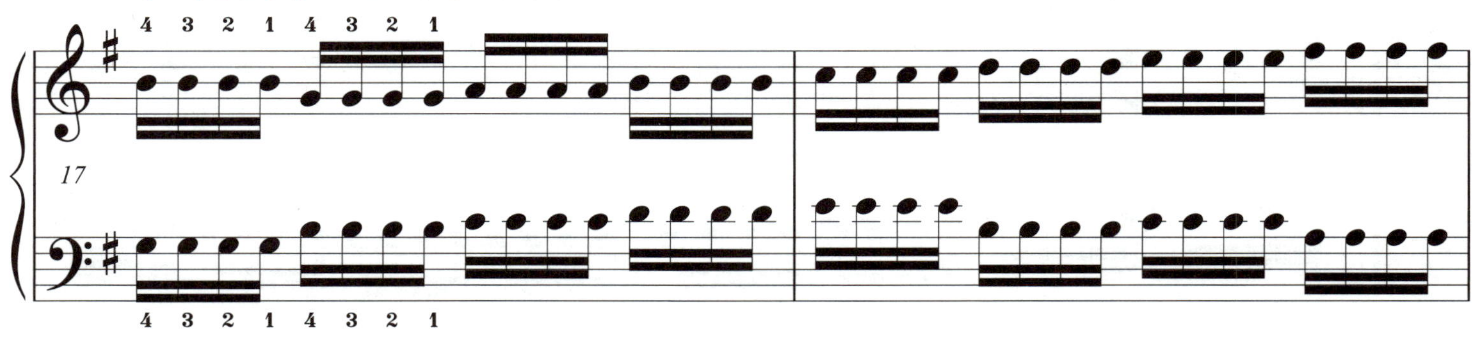

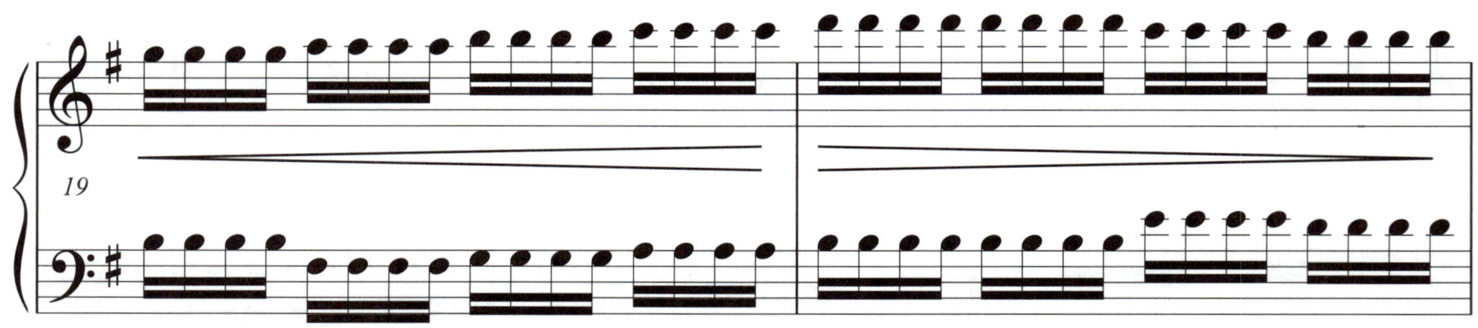

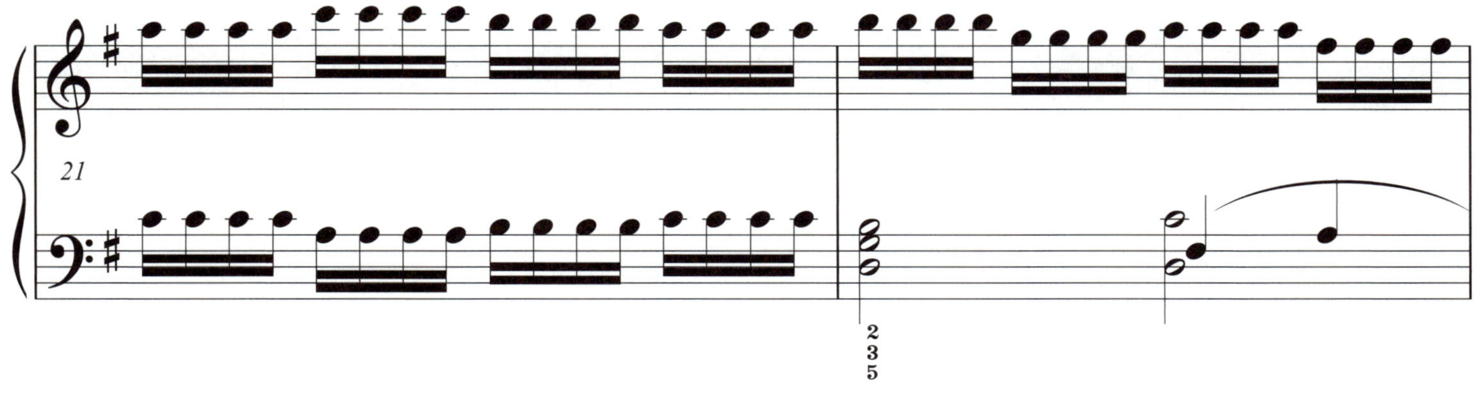

simile
왼손의 2성부의 선율이 들리도록 연주하세요.

cresc.

f
sf

선율과 화음 반주 양손 연습 체르니40, No.27

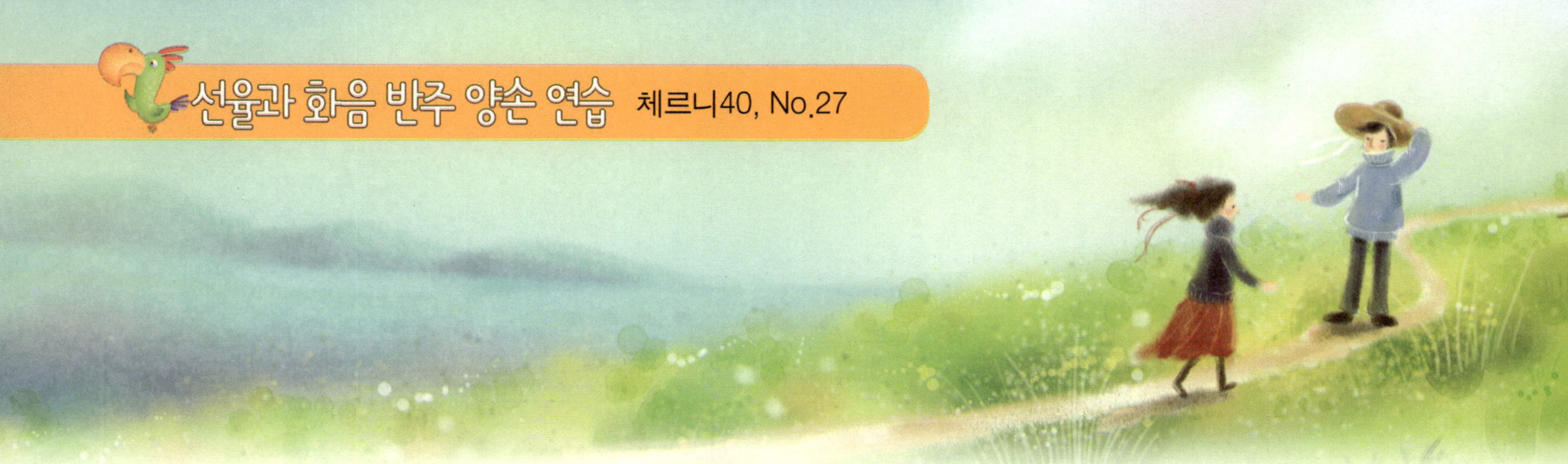

매우 빠르게

Presto (𝅗𝅥 = 92) 오른손 윗 성부는 노래하듯이 연결시킵니다.

20

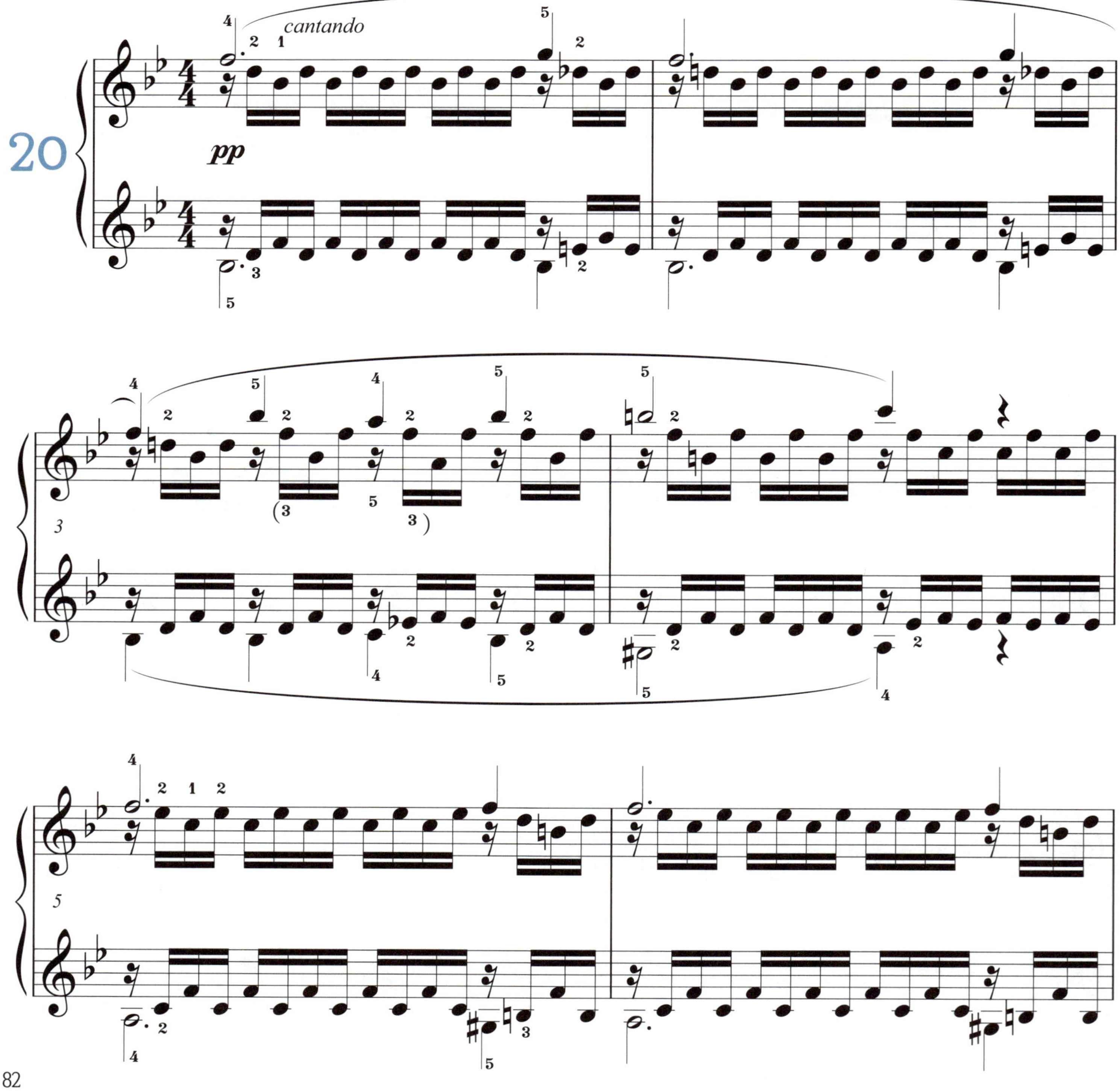

13
dimin.
15
pp
17
19
(1 2 4 1 2)
(1 2 4 1 2)
canlando (차분하게, 점점 느리고 여리게)

옥타브 도약을 포함한 아르페지오 연습 체르니40, No.30

매우 빠르게 날아가듯이
Presto volante (♩. = 69)

21
ff
왼손 오른손을 한 프레이즈로 연결해서 칩니다.
양손이 서로 자연스럽게 주고받습니다.

손가락 번호에 유의하면서 끊김없이 연주합니다.

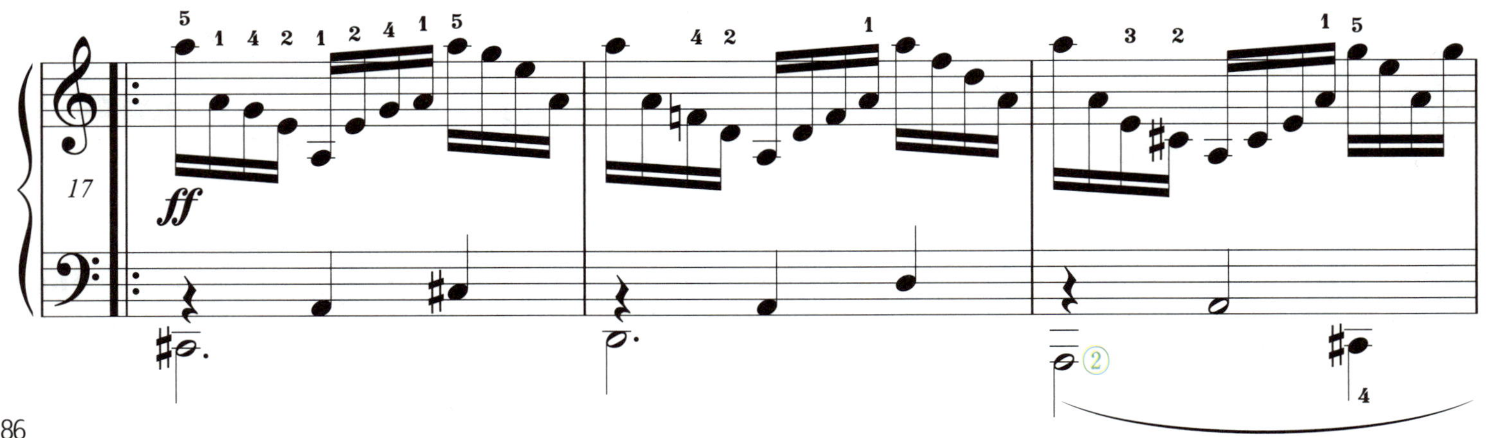

20
23
26
29
fz 포르찬도-힘차게
sf 스포르찬도-매우 강조해서
③
sf

매우 빠르게
Molto allegro (♩ = 120)

22

가볍게 연주해야 빠른 리듬의 박자를 지킬 수 있습니다.

오른손은 윗 선율을 의식하면서 치세요.

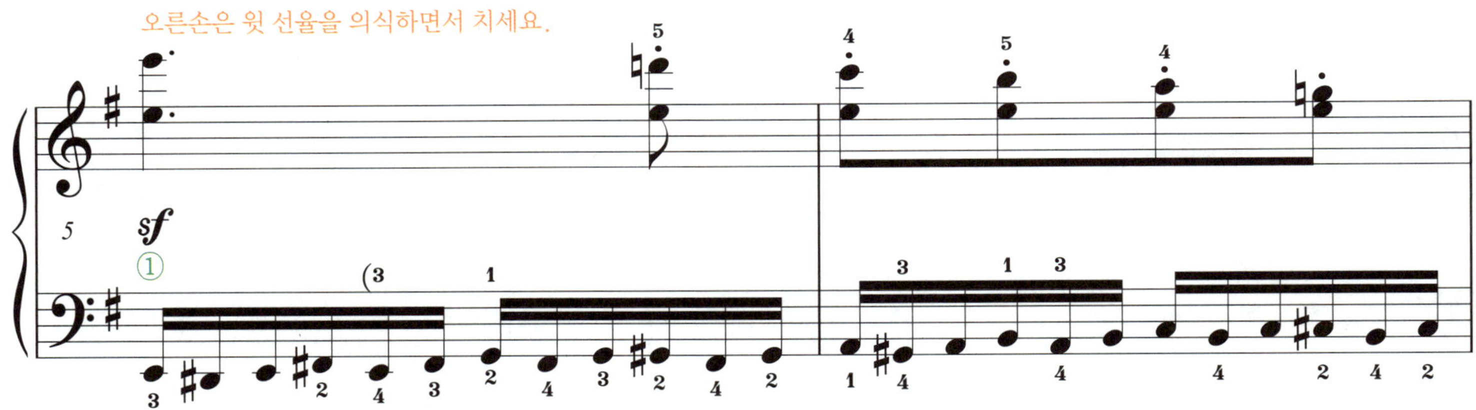

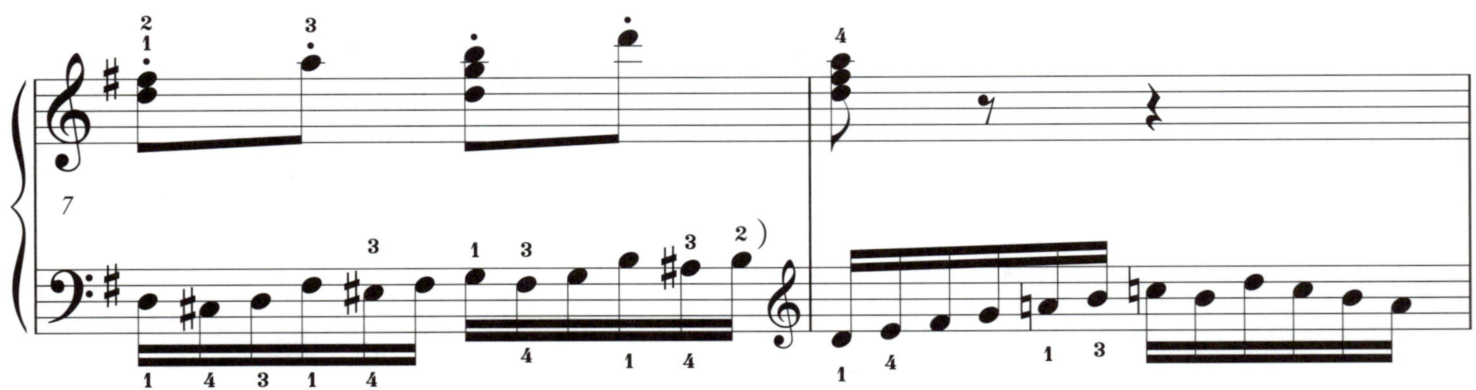

cresc. poco a poco
9
왼손의 음계 흐름을 잘 생각하며 연주합니다.

11
13
f

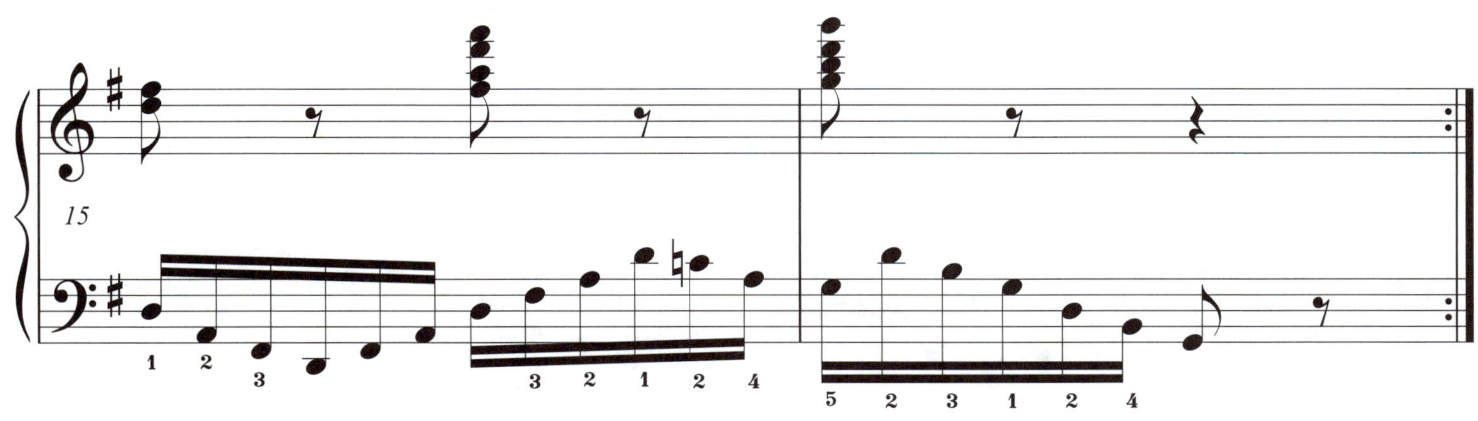

15

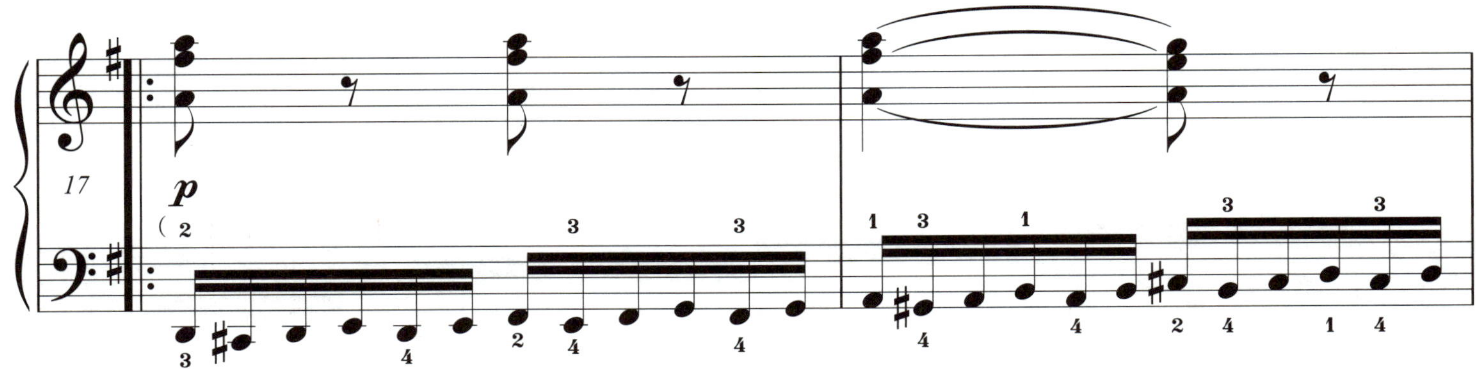

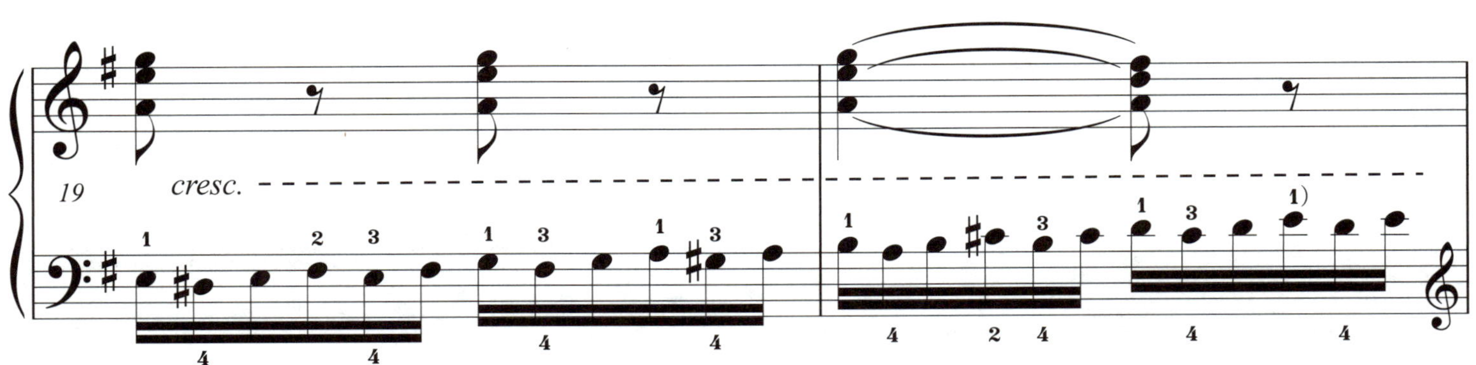

cresc.

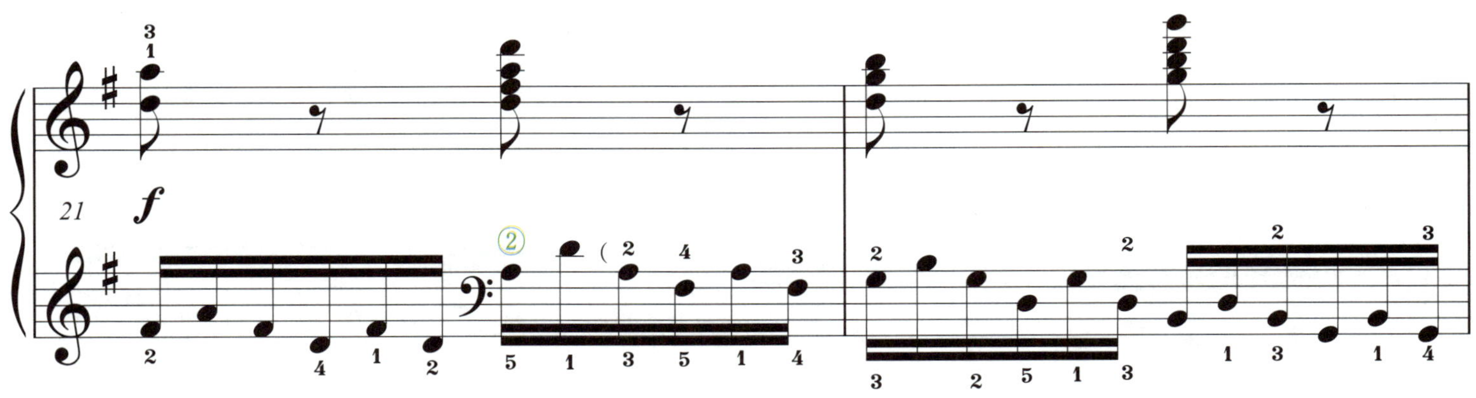

매우 빠르게
Molto allegro (♩ = 104)

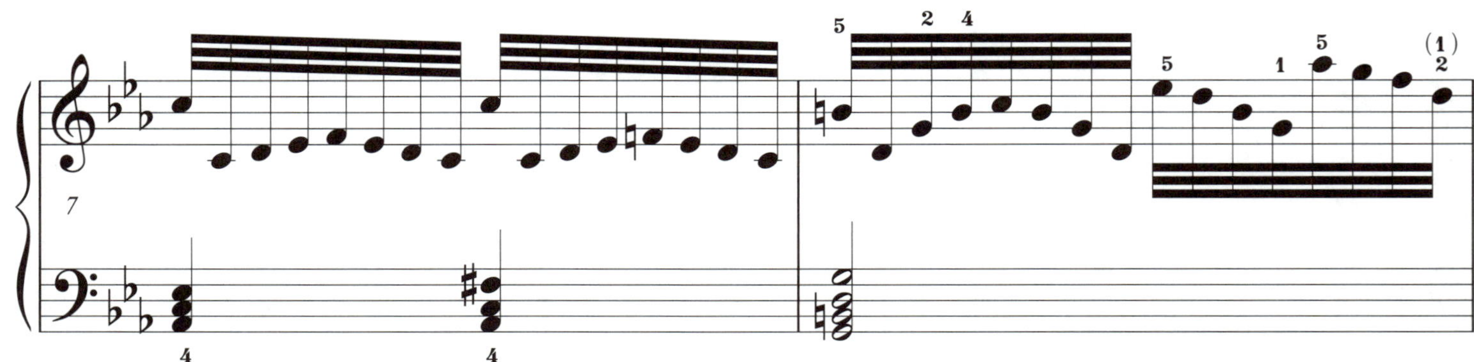

속도가 빨라지더라도 건반은 바닥 밑까지 확실하게 눌러야 합니다. 특히 4번 손가락은 완전히 건반을 치기 전에 다음 음으로 옮겨가기 쉬우므로 주의합니다.

윗 성부의 음을 끌어서 칩니다.
박자에 유의합니다.
p
17
19
21
cresc.
23

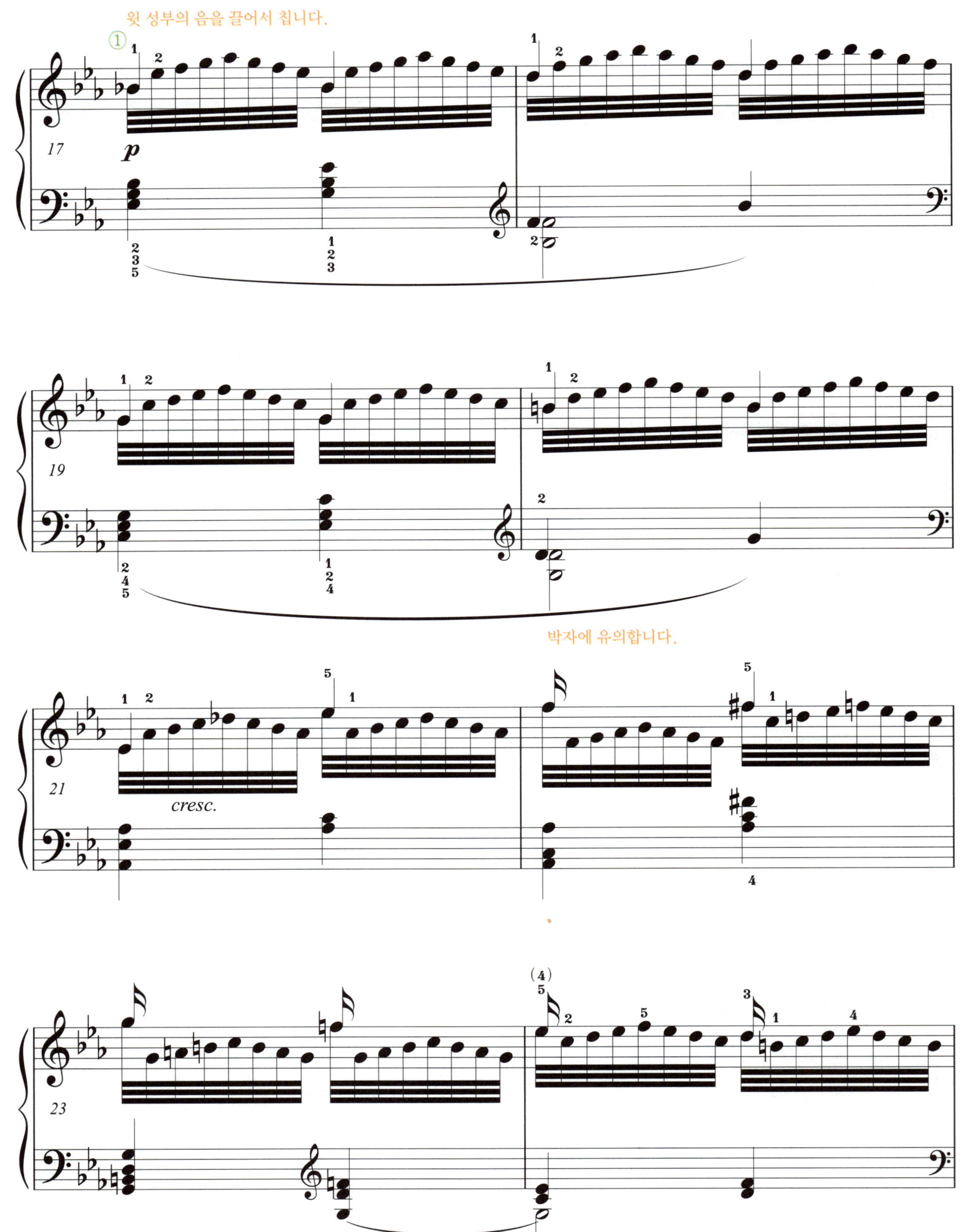

매우 빠르게

Molto allegro (♩ = 96) 양손 손가락이 익숙해 질 때 까지 천천히 정확하게 연주합니다.

24

박자가 빨라지지 않도록 합니다.

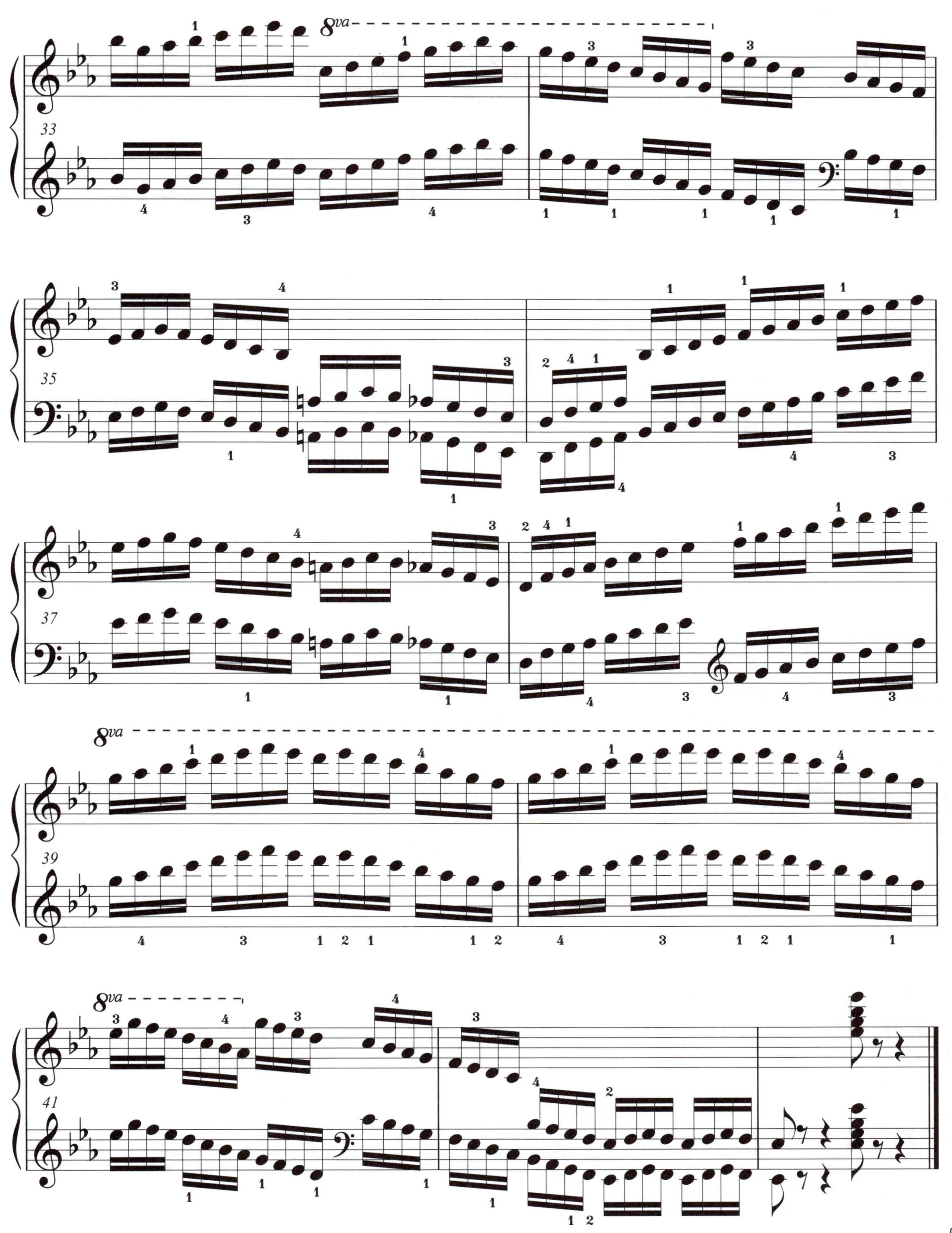

매우 빠르게 날아가듯이
Presto volante (♩ = 100) 프레이즈가 하나의 흐름으로서 막힘없이 연주하세요.

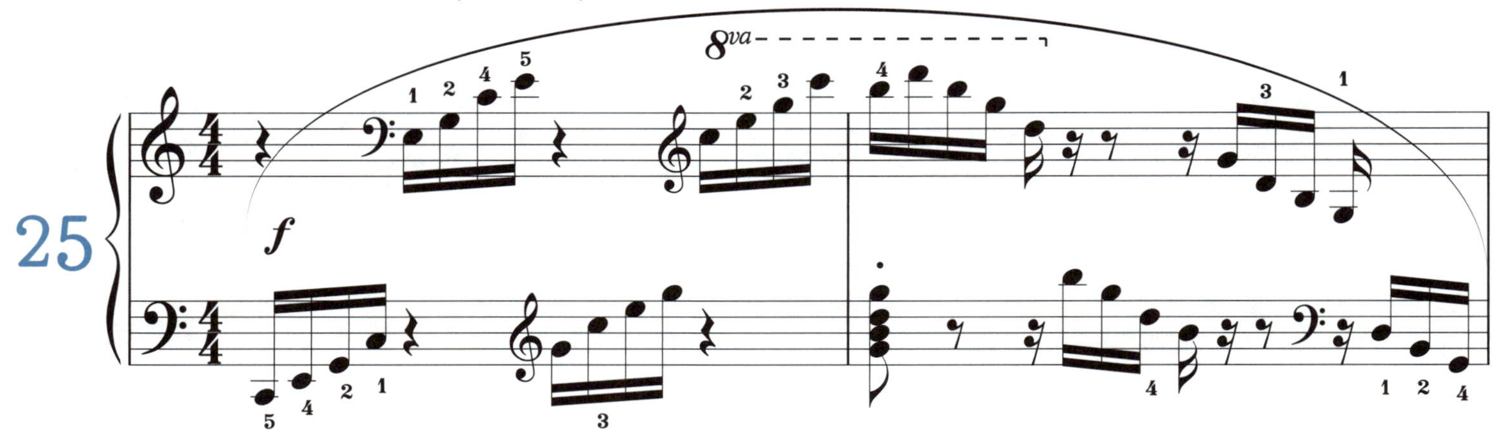

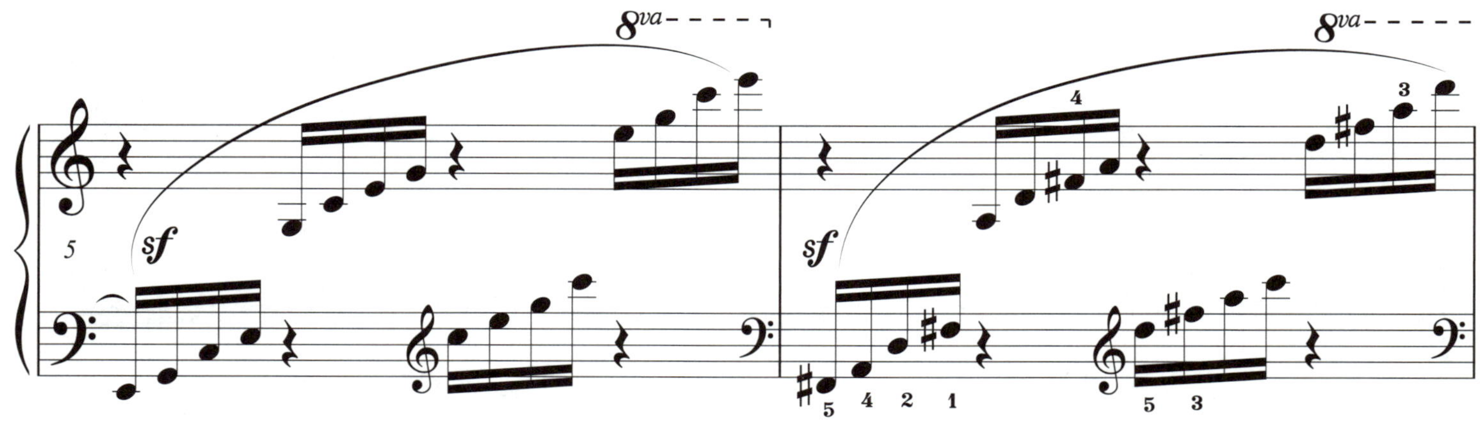

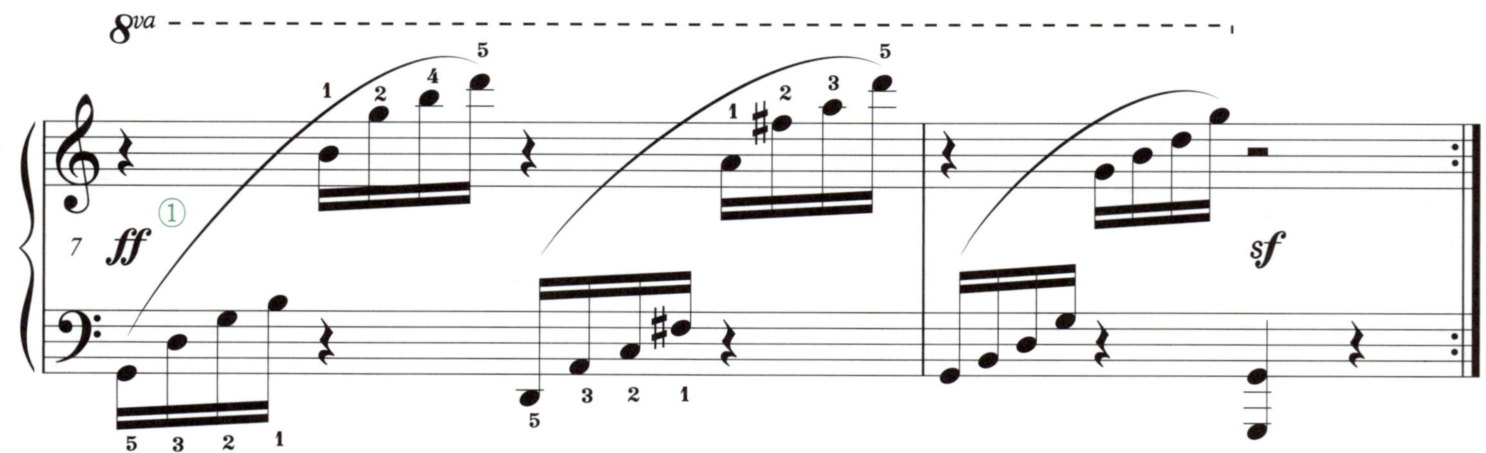

②
f
sf
9
1 2 4
4
8va
sf
5 4
11 sf
1 2 4
1 2 4
8va
8va
5 3 2
13 sf
sf
1 2 3
1 2 3
4
3
8va
8va
5
15 sf
sf
dimin.
1 2 3
1 2 4
1 2 3 4

양손을 서로 주고받듯이
17 p
cresc. poco a poco
19
21 f
sf
23 ff
8va
8va

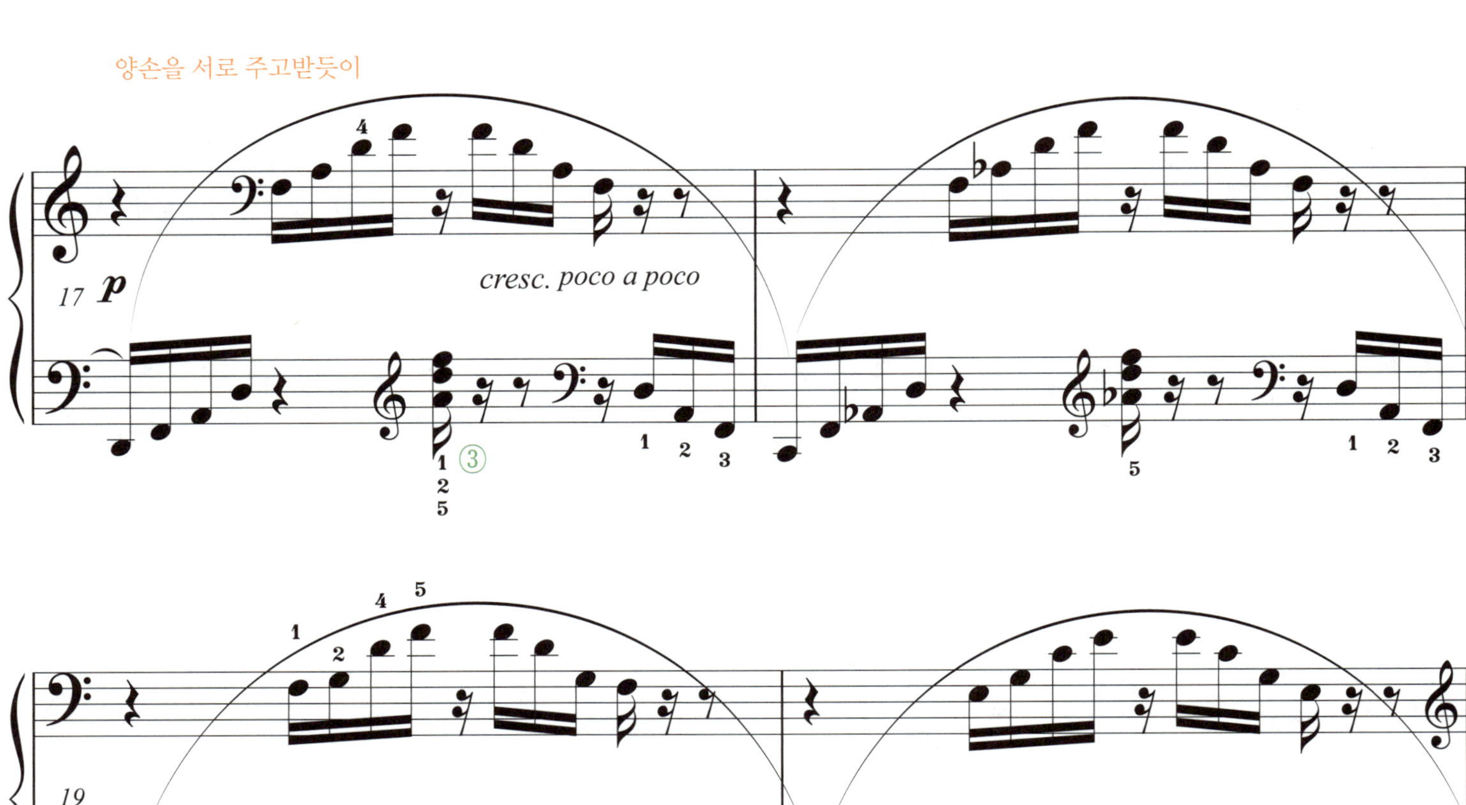

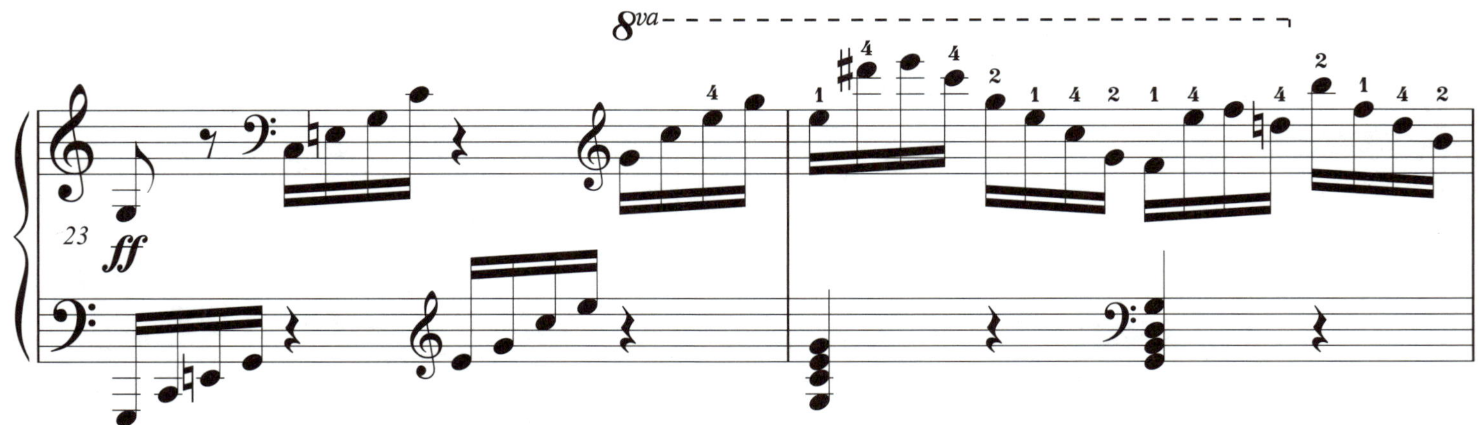

25 fp
leggiero
cresc. poco a poco
27
8va
29 f
8va
31 ff
sf
8va

매우 빠르게
Presto (♩ = 88)

26

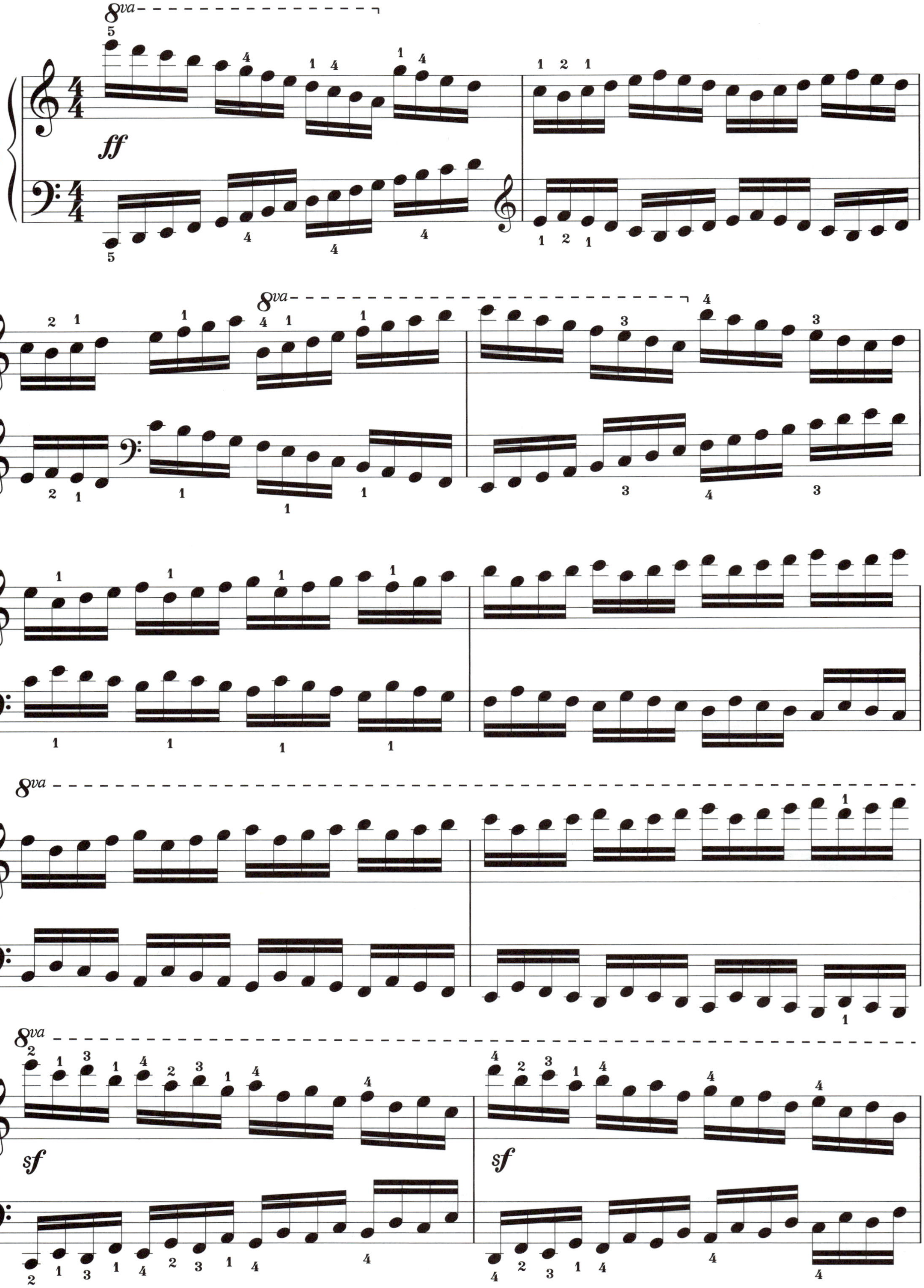

8va
41
①
8va
43
8va
45
8va
47
49

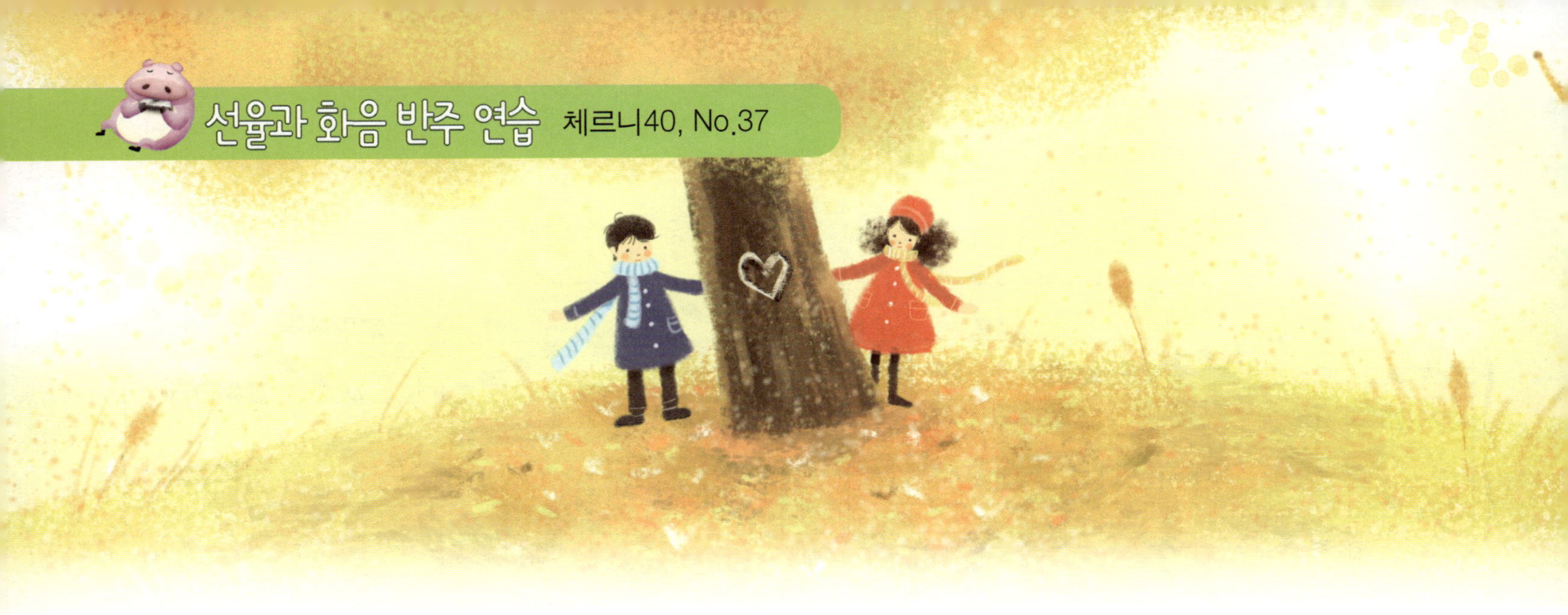

선율과 화음 반주 연습 체르니40, No.37

쾌활하고 생기있게

Molto allegro e giocoso (♩ = 96)

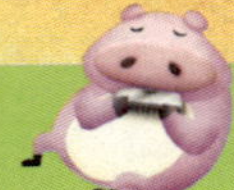

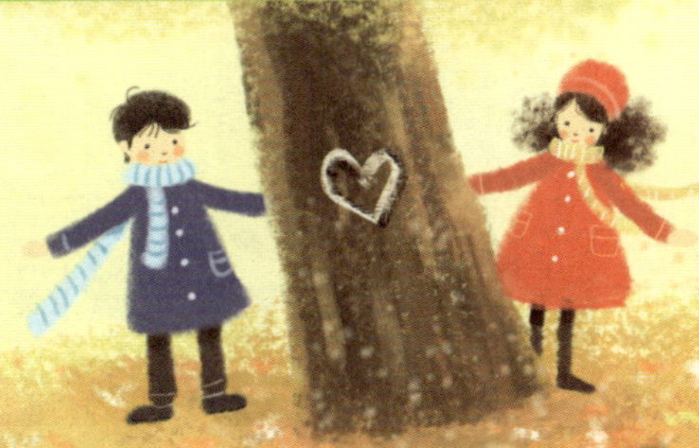

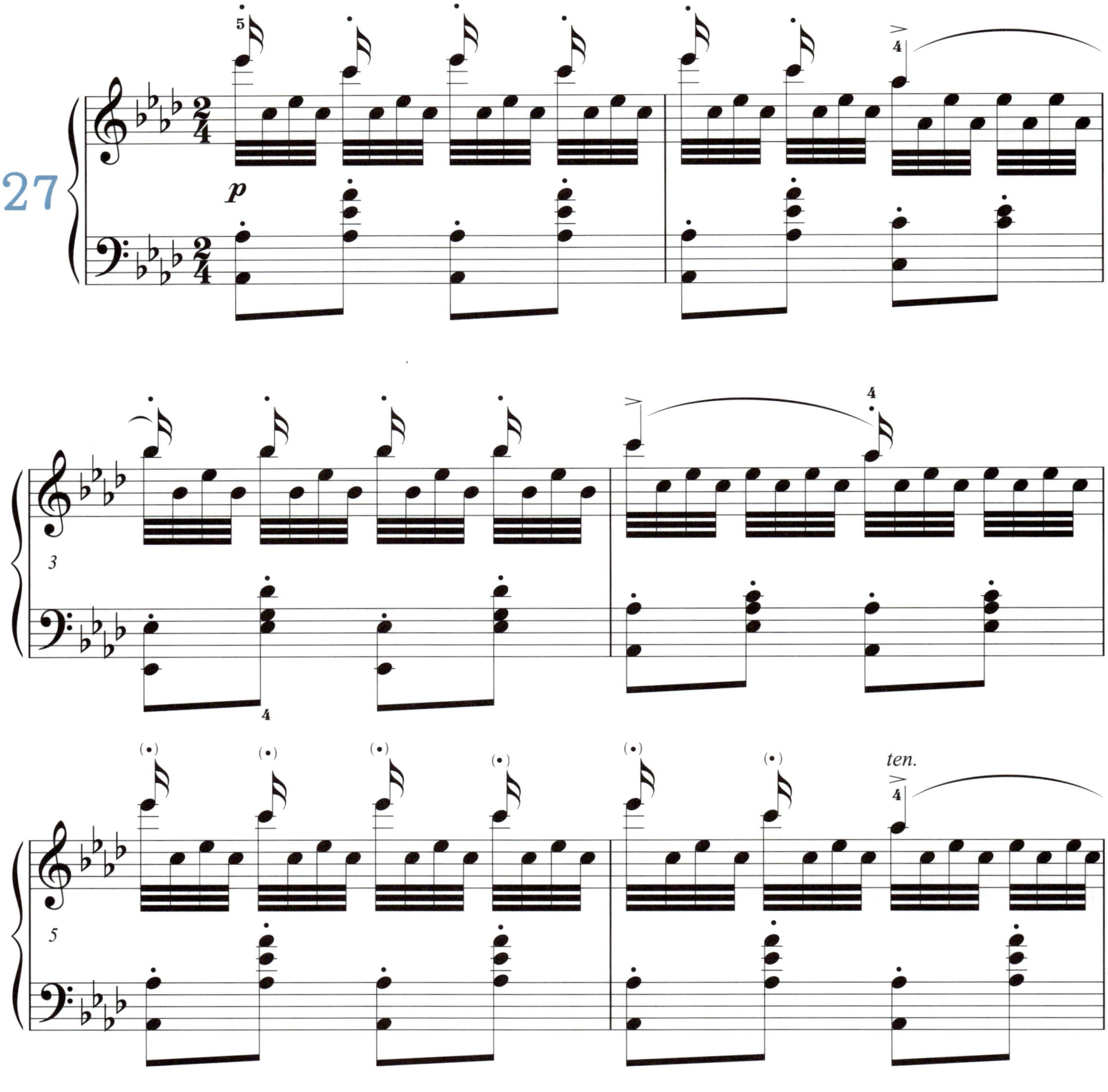

ten.
dolce
ten.
cresc.

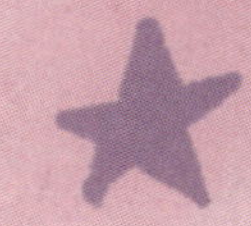

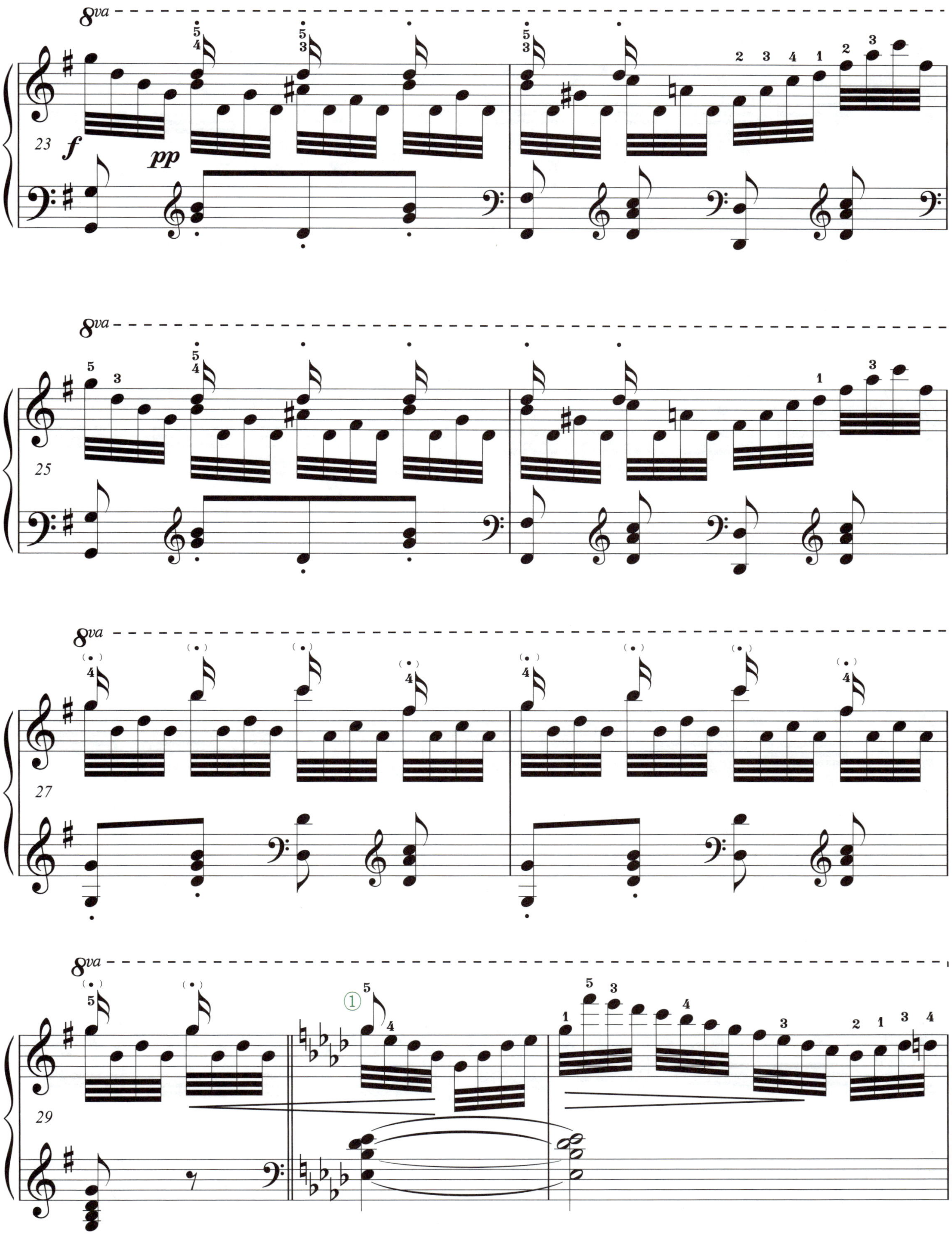
8va
23
f
pp
8va
25
8va
27
8va
29

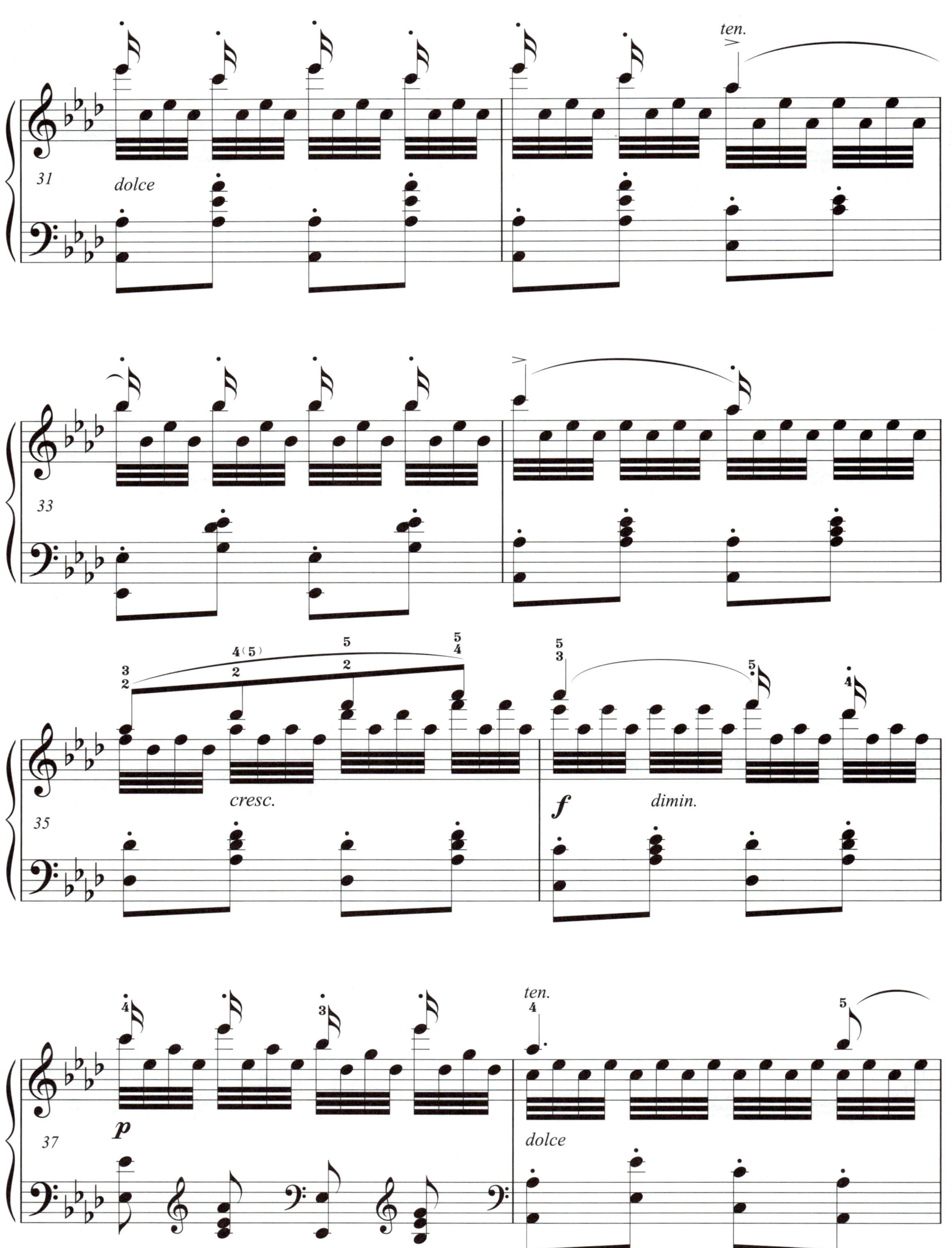

40
42
cresc.
44
46
fz
dimin.
(2 3 4)
ff

여섯잇단음표에 의한 오른손 음계연습

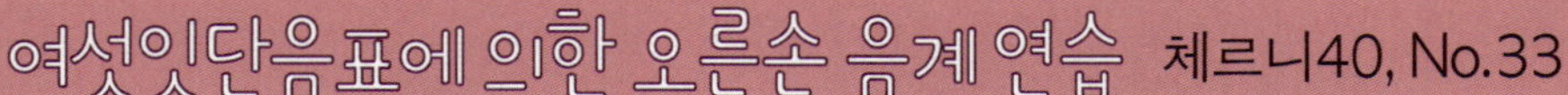

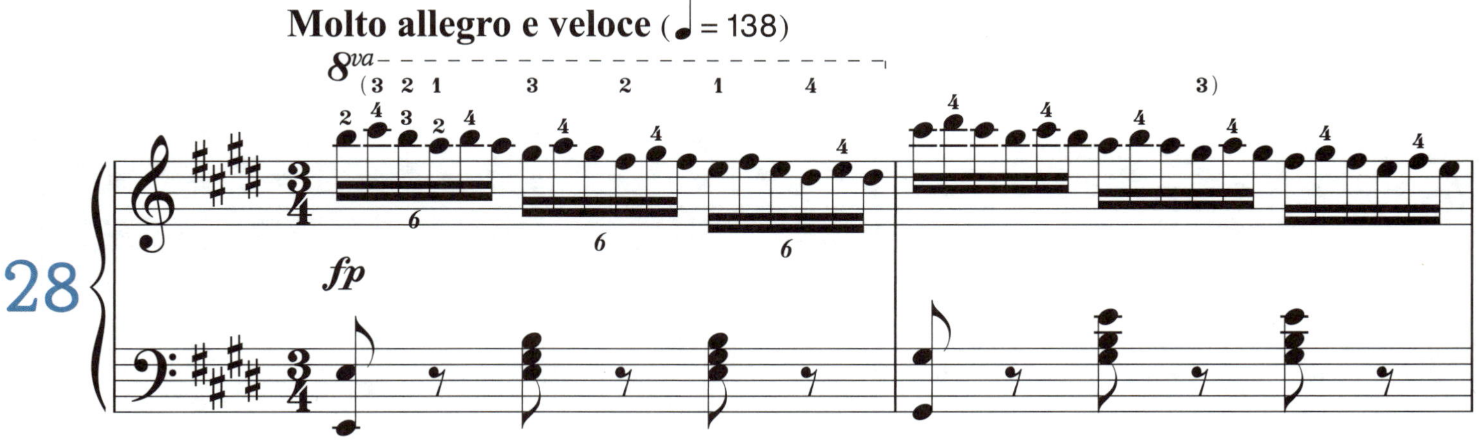

8va
4
9
f
dimin.
(3 2)
8va

8va
11
p   dolce

8va
13
cresc.

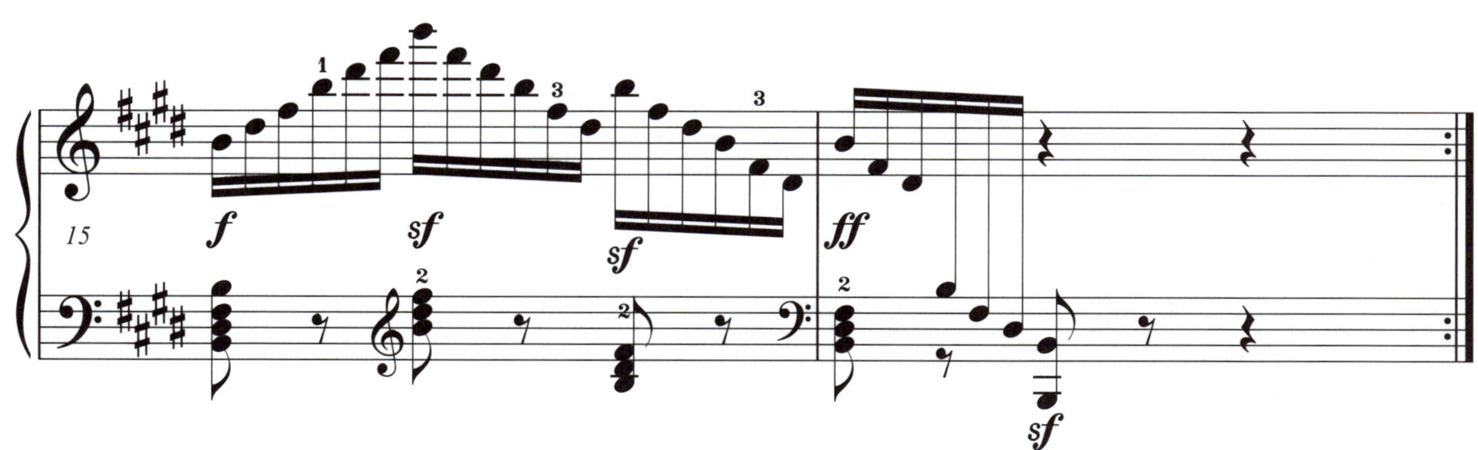

15
f   sf   sf   ff
sf

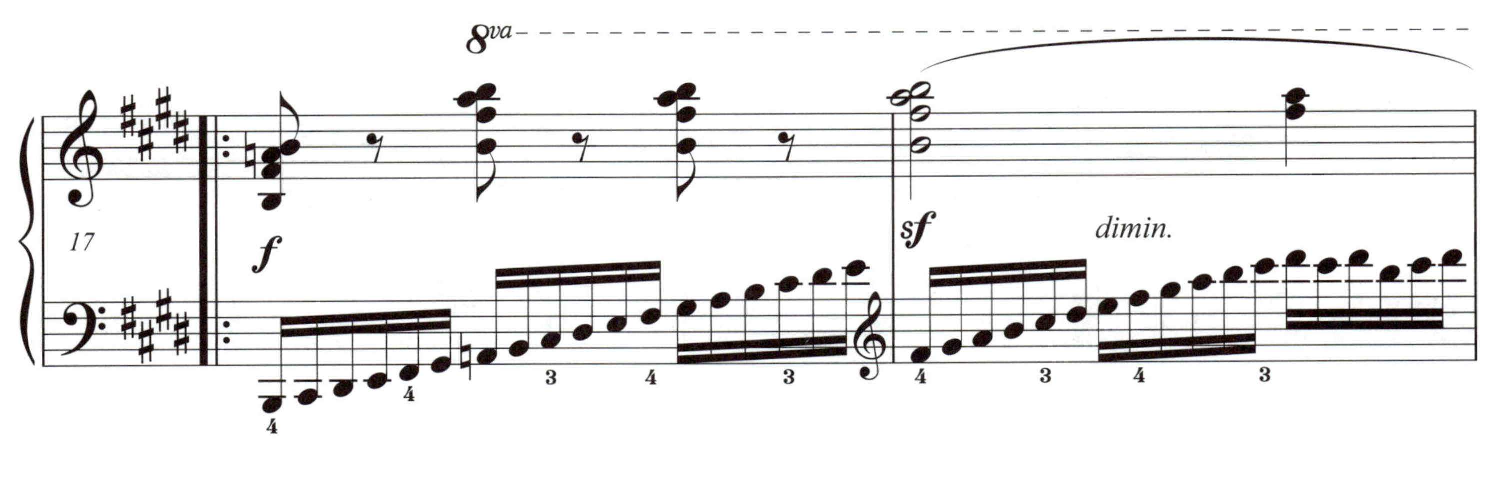

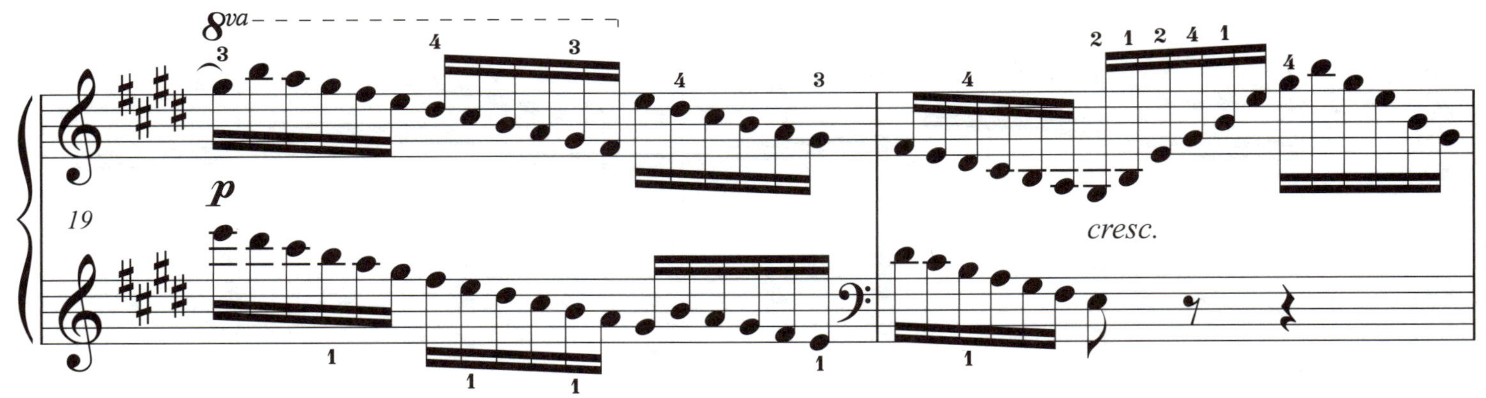

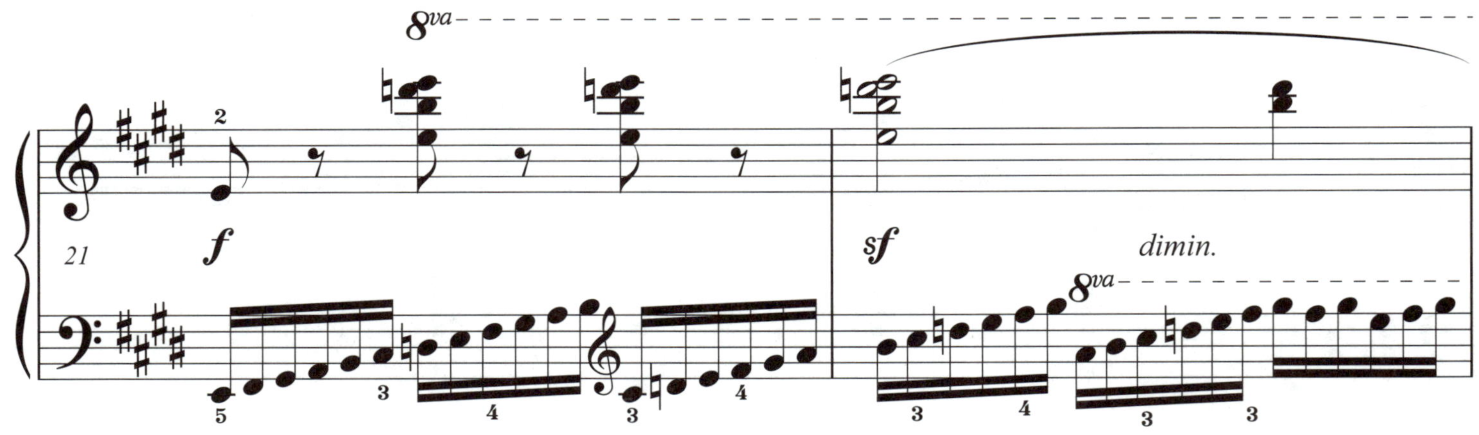

발행일 2025년 8월 25일
발행인 남 용
편 저 자 일신음악연구회
발 행 처 일신서적출판사
주   소 서울시 마포구 독막로 31길 7
등   록 1969년 9월 12일 (No. 10-70)
전   화 (02) 703-3001~5 (영업부)
         (02) 703-3006~8 (편집부)
F A X (02) 703-3009
I S B N 978-89-366-2911-3 (93670)

ⓒILSIN 2025
www.ilsinbook.com